핵심복음제자훈련 2
기독교에 대해 궁금해요
믿음의 핵심

김완섭 목사

기독교신앙회복연구소

김완섭 목사
주님의새소망교회 담임목사
기독교신앙회복연구소 대표
국토순례전도단 단장
한국오카리나박물관 관장
백석대학교 신학대학원
저서 :
그리스도인의 개혁 : 출발점 · 워크북
그리스도인의 회복 : 정체성 · 워크북
그리스도인의 성화 : 두번째만남 · 워크북
복음소책자 1-6권
예수님동행훈련 1-3권
나만의성경책 1-2권 외 다수

핵심복음 제자훈련 2
믿음의 핵심

초판 1쇄 인쇄 : 2020. 9. 20.
초판 1쇄 발행 : 2020. 9. 25.
펴 낸 곳 : 기독교신앙회복연구소
지 은 이 : 김완섭
펴 낸 이 : 오복희
본문디자인 : 구본일
표지디자인 : 이순옥
등록번호 : 제2018-000044호
등록일자 : 2018년 4월 12일
서울특별시 송파구 마천로 100 C동 402호(오금동)
편 집 부 : 010-6214-1361
관 리 부 : 010-8339-1192
팩   스 : 02-3402-1112
이메일 : whdkfk9312@naver.com
총   판 : 소망사(031-977-4232)

ISBN 979-11-89787-16-5 04230
ISBN 979-11-89787-14-1 (세트)

한 권 값 **6,000원**

무단전제와 복제를 금합니다.

머리말

　신앙생활을 처음으로 시작하는 사람들에게 가장 필요한 것은 무엇일까요? 그것은 아마도 교회에서 설명하거나 제시하는 내용들에 대한 이해력을 채워주는 일일 것입니다. 이제 시작하는 성도들의 입장에서도 거의 이해할 수 없는 용어들이나 내용들을 들을 때가 가장 어려운 순간들이 아닐까 합니다. 그래서 교회에서는 그런 용어들이나 내용들에 대해서 올바르게 가르쳐주는 일이 급선무이자 필수불가결한 의무들이 되는 것입니다. 새로운 성도들을 돕고 섬기는 일은 물론 제공되어야 하지만 그것보다 오히려 복음의 내용을 충분히 이해할 수 있도록 가르치는 일이 더 필요하지 않을까 생각합니다. 왜냐하면 신앙생활에 잘 정착하기 위해서는 복음을 빨리 이해할 수 있도록 하는 일이 더욱 필요하기 때문입니다.

　물론 각 교회에서는 이런 가르침들을 잘 이행하고 있습니다. 다양한 제자훈련교재나 교회에서 제시하는 제자반 등을 통해서 잘 가르쳐지고 있습니다. 미흡한 교회들도 또한 많을 것입니다. 대략의 주제들은 예배, 성경, 기도, 헌금, 천지창조, 부활, 천국, 재림 등 기본적인 내용들과 함께 제사문제, 지옥의 존재, 마귀의 존재, 이단에 대한 문제 등 실제 신앙생활에서 이해하고 있어야 할 내용들일 것입니다. 그럼에도 불구하고 또 비슷한 제자훈련 교재로 보이는 본 핵심복음제자훈련을 제시하는 이유는 가르치고 배우는 훈련이 아니라 생각하고 토론하면서 자기의 것으로 만들어나가는 제자훈련을 필요로 하는 시대이기 때문입니다.

    그래서 본 핵심복음제자훈련에서는 모든 주제들을 변증적으로 풀어 나가려고 애를 썼습니다. 왜냐하면 믿음을 가지게 된 후에 비신자들로부터 질문을 받을 경우에 스스로가 납득할 수 있는 증언을 들려줄 수 있어야 믿음의 확신을 가질 수 있기 때문입니다. 본인도 이해하지 못하는데 배웠다는 이유로 여러 가지 설명을 할 수는 없습니다. 그리고 훈련방식에 있어서도 지금까지와는 달리 지침서라고 할 수 있는 도서를 펴놓고 스스로 그 내용을 이해한 다음에 서로 만나서 이야기를 나눔으로써 순전한 자기의 영적 지식으로 삼을 수 있도록 했습니다. 이 두 가지가 이 시대에 필요한 제자훈련 방식일 것입니다.

    본 제자훈련 제2권 『믿음의 핵심』은 '복음소책자' 2권 『기독교에 대해 궁금해요』를 기본으로 구성했습니다. 먼저 복음소책자의 해당부분을 파악하고 그것을 자료로 하여 본 제자훈련의 질문에 대한 답을 만들고, 함께 모여 지도자의 인도를 따라 서로의 견해나 의견을 숨김없이 서로 나누는 시간이 필요합니다. 그렇게 함으로써 복음의 구체적인 내용이 성도 여러분의 것으로 확실하게 만들어질 수 있는 것입니다. 가르치고 강의하는 제자훈련이 아니라 지금 현재의 자기 생각을 가감없이 털어놓고 의견을 나누면서 효과적인 훈련이 이루어지도록 한 것입니다.

    이 제자훈련 교재를 통하여 생각이 변화되고 신앙의식의 수준이 높아져서 주님께서 필요로 하시는 성도의 상을 만들어갈 수 있기를 소망합니다. 그 과정에서 성령님의 강력한 도우심으로 말미암아 바람직한 신앙을 세워나갈 수 있을 것입니다. 한국교회에 반드시 필요한 헌신이 될 줄 믿습니다.

차 례

머리말 _ 3

제1과
영원히 사는 천국이란 어떤 곳인가요? _ 7

제2과
교회에는 무슨 예배가 그렇게 많죠? _ 17

제3과
성경이 정말 하나님의 말씀 맞나요? _ 25

제4과
정말 기도하면 다 들어주시나요? _ 35

제5과
교회에서도 돈이 있어야 대접받나요? _ 45

제6과
왜 제사를 못 지내게 하죠? _ 53

제7과
하나님의 천지창조, 어떻게 알 수 있죠? _ 63

제8과
예수님의 부활을 어떻게 믿습니까? _ 71

제9과
예수님의 재림으로 세상에 종말이 오나요? _ 81

제10과
정말 지옥이 있을까요? _ 89

제11과
마귀(사탄)의 존재를 증명할 수 있나요? _ 97

제12과
이단들도 많은데, 어떻게 구별하죠? _ 105

제 1 과
영원히 사는 천국이란 어떤 곳인가요?

　　세상에서 살다가 행복한 경험을 하거나 아름다운 자연을 대할 때 보통 천국 같다고 합니다. 천국에 가 본 적이 없는데 어떻게 천국 같다고 할까요? 인간들의 영혼 속에는 천국이 기억되고 있는 것은 아닐까요? 원래 우리의 것이었던 천국, 우리가 잃어버렸던 천국, 그리고 반드시 회복해야 할 천국을 향해 지금 우리가 가고 있는 것입니다. 그리고 그 천국으로 가기 위해 우리가 예수님을 믿고 회개하여 죄 사함 받고 거듭나게 된 것이 아니겠습니까? 죄를 가지고 있는 채로는 천국에 갈 수 없으니까요. 아니 천국 입구까지 간다고 해도 들어갈 수가 없습니다. 죄인은 그곳에서 결코 존재할 수가 없기 때문입니다.

　　천국이란 어떤 곳일까요? 기도하다가 환상을 보았거나 흔히 말하는 입신하여 천국을 보고 온 분들의 이야기가 많이 들리고 있습니다만, 그것을 천국의 실체라고 보기는 어렵습니다. 개인의 신앙체험을 일반화시키기는 어렵고 또 성경에 없는 이야기들도 많이 하고 있기 때문입니다. 물론 우리들의 신앙에는 많은 도움이 됩니다. 아무튼 성경은 천국을 어떻게 묘사하고 있을까요? 성경이 말씀하는 천국에 대해서 함께 알아보겠습니다.

1. 천국은 하나님이 다스리시는 곳입니다.

천국이 실제로 존재할까요? 성경은 천국이 분명히 있다고 증언합니다. 천국은 저 영원한 천국과 이 땅에서의 천국이 있습니다. 하나님의 다스리심을 받는 곳은 어디나 천국입니다.

1 천국은 물론 공간적인 개념의 하늘에 있지만, 일차적으로는 어디에 존재해야 하는 것입니까? (눅 17:20-21)

2 그렇다면 천국은 어떤 사람의 마음에 존재할 수 있겠습니까? (마 5:3)

3 그러나 천국은 마음에만 있는 것은 결코 아닙니다. 예수님은 가장 먼저 무엇을 외치셨습니까? (마 4:17)

4 다윗은 하나님께서 다스리시는 마음의 천국에 대해서 어떻게 표현했습니까? (시 23:5)

2. 천국에서는 영원한 복락을 누립니다.

이 땅의 천국은 일시적이고 불완전하지만 하늘의 천국은 하나님의 전적인 통치 아래 살아가는 완전하고 영원한 나라입니다. 천국은 모든 선함과 기쁨과 평안과 행복만이 넘치는 곳입니다.

1 천국에 가면 이 땅에서 겪을 수밖에 없는 아픔들은 어떻게 되겠습니까? (계 21:4)

2 천국은 인간들이 추구하던 모든 욕심이나 죄나 성공이나 실패가 없는 곳입니다. 찬국은 어떤 곳입니까? (롬 14:17)

3 하지만 지금 마음을 그대로 가지고 있다면 천국이라도 그런 삶은 불가능합니다. 어떻게 가능해지겠습니까? (고전 15:44)

4 천국은 실감하기 어려운 곳입니다. 예수님은 천국의 모습에 관해 어떻게 설명하셨습니까? (마 13:31-32)

3. 천국은 사람에게 가장 귀한 곳입니다.

만약에 천국이 그토록 완전한 행복을 누리는 곳이라면 사람은 그 천국을 소유하기 위해 어떤 일을 해야 하겠습니까? 모든 것을 다 버리고서라도 가야 할 곳이 아니겠습니까?

1 예수님은 천국은 인생의 모든 결론이라는 결단을 요구하십니다. 천국은 어떻게 얻는 곳입니까? (마 13:44)

2 또한 천국을 소유하기 위해 우리는 무엇에 집중해야 하겠습니까? (눅 9:62)

3 천국에 가지 못하면 영원한 고통 속으로 빠져야 한다는 말씀을 예수님은 어떻게 표현하셨습니까? (막 9:43-49)

4 심지어 천국에 가는 갈림길에 서 있다면 예수님은 어떻게 해서라도 꼭 천국에 가라고 하십니까? (눅 18:29-30)

4. 천국은 겸손해야 갈 수 있습니다.

천국이란 물론 예수님을 주인으로 영접한 사람들에게 주어지는 특권이지만, 그 기본바탕은 바로 겸손한 마음이라는 사실을 알아야 합니다. 심령이 낮추어질 그 때에 예수님을 믿게 되는 것입니다.

1 예수님께서 이방인들이 천국에 가고 유대인들이 버림받을 것이라고 하신 이유는 무엇입니까? (마 8:11-12)

2 천국에 대해 가장 특징적으로 설명하신 예수님의 비유는 무엇입니까? (마 8:4)

3 천국은 교회에서 행해지는 의식만을 잘 행한다고 가는 곳은 아닙니다. 왜 그렇습니까? (마 7:21)

4 성경은 하나님께서 무엇을 싫어하시고 또 무엇을 좋아하신다고 말씀합니까? (약 4:6)

5. 천국은 거듭나야 가는 곳입니다.

너무나도 당연한 말이지만 천국에는 회개하고 죄 사함 받고 거듭난 사람들이 갈 수 있습니다. 거듭나지 않으면 천국의 존재나 심지어 하나님의 말씀조차도 믿을 수 없기 때문입니다.

1 다시 태어난다는 의미의 거듭남에 대해서 예수님은 그것이 어떤 것이라고 설명하십니까? (요 3:3)

2 그러면 거듭남은 설명을 통하여 이해하는 것과는 어떻게 다르겠습니까? (요 3:5)

3 거듭남은 하나님의 어떤 사역으로 말미암아 가능해지게 된 것입니까? (벧전 1:3)

4 우리가 거듭나는 것은 인간의 논리나 노력이나 희생으로 불가능한 이유는 무엇입니까? (벧전 1:23)

6. 천국은 상이 있는 곳입니다.

보통 기독교인들이라도 천국에 대해 모호한 개념을 가지고 있는 경우가 많습니다. 그러나 천국에는 하나님의 기뻐하심을 따라 이 땅에서 살아온 것에 대한 영원한 상이 준비되어 있는 곳입니다.

1 이 땅에서 하나님의 뜻을 따라 살아간다면 그 모든 행위들은 하늘에서 어떻게 인정되겠습니까? (마 6:20)

2 예수님은 하나님과의 관계 속에서 어떤 경우에 천국에서 큰 상이 있을 것이라고 하셨습니까? (마 5:11-12)

3 그리고 사람과의 관계에서는 어떨 때 큰 상을 주신다고 하셨습니까? (눅 6:35)

4 큰 상의 원리는 작은 것에 대한 충성입니다. 예수님은 어떤 경우에 상을 받을 것이라고 하셨습니까? (마 10:42)

7. 천국은 당신에게 어떤 의미가 있습니까?

거의 모든 종교에서는 죽음 이후의 세계에 대해서 설명을 제시하고 있습니다. 대개는 천국(극락)과 지옥을, 그리고 일부는 연옥을 주장하기도 합니다. 물론 그것을 증명할 수는 없습니다. 다만 기독교에서 가르치는 천국에 대해서는 창조주 하나님께서 성경말씀을 통해서 말씀하신 것이므로 우리는 확실하게 받아들일 수 있는 것입니다. 대개 오랫동안 소원하던 일이 이루어지거나 어떤 일로 인하여 감동이 되고 기쁠 때에는 천국 같다고 말을 합니다만, 진실로 천국은 가장 행복한 마음이 영원토록 지속되는 곳이라고 하면 이해가 될 것입니다.

1 당신은 삶 가운데에서 가장 기뻤던 때가 언제였습니까? 그 기쁨이 잠시도 쉬지 않고 영원히 지속된다고 생각해보십시오.

2 오늘 살펴본 천국에 관한 내용 중에서 당신이 받아들이기 어려운 점은 무엇입니까?

마무리 기도

사랑의 하나님 아버지, 오늘 천국에 관해서 살펴보았습니다. 이런 기회를 주심을 감사드립니다. 천국이란 하나님의 다스리심이 있는 곳이라고 했습니다. 하나님께서 저의 마음을 다스려 주심으로써 저도 천국을 누릴 수 있도록 해 주시옵소서. 비록 영원하지는 못하더라도 고난과 상처가 많은 이 땅에서 수시로 천국을 누릴 수 있기를 소원합니다. 그리고 하나님 아버지, 정말로 우리가 죽어서 가는 천국이 있다면 그 사실을 확실하게 믿을 수 있도록 성령님으로 역사해 주옵소서. 이 땅에서 천국을 바라볼 수 있다면 그 소망으로 세상을 이기게 하실 줄 믿습니다. 도와주시옵소서.

아버지, 이 세상에서 살면서 참으로 너무나도 혼란스러워서 옳고 그름을 분별하는 것조차도 너무 힘이 듭니다. 과연 우리는 어떤 기준을 가지고 구별하면서 살아야 죄에 빠지지 않을 수 있겠습니까? 천국에서 큰 상을 주신다고 하신 그 말씀들을 생각해봅니다. 사람들 앞에서 하나님을 배반하지 않고 박해가 와도 이겨낼 때 큰 상을 주신다고 하셨고, 원수라도 사랑할 정도로 사람들을 도와주고 섬길 때 또 큰 상을 주신다고 하셨습니다. 그 말씀은 우리가 그렇게 사는 것이 하나님의 뜻이라는 말씀 같습니다. 아버지, 부족하지만 천국과 천국의 상을 바라보면서 하나님의 말씀대로 살 수 있도록 인도하시고 보호해 주시옵소서. 우리를 천국으로 인도하시는 예수 그리스도의 이름으로 기도드립니다. 아멘.

제 2 과
교회에는 무슨 예배가 그렇게 많죠?

　　　　교회에 열심인 사람들을 보면 거의 날마다 교회모임에 참석합니다. 그 중 많은 부분은 바로 예배입니다. 새벽기도회까지 참석하는 성도들의 경우에는 사람들은 잘 느끼지 못하지만 하나님께 매일 예배드리는 생활이 될 것입니다. 그렇다고 교회에 다니는 모든 기독교인들이 전부 그런 것은 아닙니다. 그렇다고 해도 교회에 다니는 사람들은 너무 자주 교회에 가는 것은 사실일 것입니다. 그러나 우리가 알아야 할 것은 자주 예배드리는 그 자체가 기독교인들의 삶이라는 사실입니다.

　　교회에서 드리는 예배를 통하여 여러 가지 힘을 얻게 되는데, 그것은 세상 속에서 예수님의 마음으로 그 뜻을 펼칠 수 있는 힘과 부정부패와 싸울 수 있는 힘과 어려운 사람들을 사랑하며 섬길 수 있는 힘을 얻는다는 것입니다. 주일에 행해지는 공동체예배만을 통해서 그런 영적 힘을 얻기는 어렵습니다. 그러므로 평상시에도 자주 모여서 서로 돕고 나누고 섬기는 일을 할 수 있게 되는 것이고, 설교만을 통해서 온전하게 배우지 못했던 성경말씀도 더 깊이 배우는 것입니다. 무엇보다도 각 지체인 성도들이 한 몸으로 자주 모여서 예배드리는 것은 어쩌면 아주 자연스러운 현상일 것입니다.

1. 진정한 예배는 창조주 하나님께 드립니다.

교회에 출석하면 가장 먼저 예배를 드리게 됩니다. 예배는 과거처럼 제사 지내는 것이 아니라 영과 진리로 드립니다. 중요한 것은 예배의 초점을 하나님께 맞추어야 한다는 것입니다.

1 예배라는 이름과 형식으로 드려지는 예식에서 주인공은 누구라야 하겠습니까? (왕하 17:36)

2 만약에 하나님의 자녀라는 사람들이 다른 신이나 우상을 섬기는 다른 예배를 드린다면 어떻게 되겠습니까? (왕상 22:53)

3 예배를 드릴 때 잘못된 자세는 구경하는 것처럼 드리는 것입니다. 예배는 어떻게 드려야 하겠습니까? (시 5:7)

4 교회에서의 예배로 끝나는 것은 아니고 생활 속에서도 예배드리는 마음으로 살아야 합니다. 왜 그렇습니까? (시 132:7)

2. 교회에서는 예배를 자주 드립니다.

사랑하는 사람들끼리 자주 모이는 것처럼, 하나님을 사랑하고 형제를 사랑하는 성도들이 자주 모여서 교제를 나누고 서로 섬기며 말씀을 공부하고 예배를 드리는 것은 아주 자연스러운 일입니다.

1 성경은 교회에 자주 모일 것을 권하고 있습니다. 어떤 이유에서이겠습니까? (히 10:23-25)

2 이렇게 교회에 자주 모이는 것은 하나님께서 이미 율법 속에 다 지정하신 것입니다. 어떻게 정하셨습니까? (사 66:23)

3 초대 예루살렘 교회에서는 어떻게 모임을 가졌고 어떤 평판을 들었습니까? (행 2:46-47)

4 오늘날에도 예배당에 자주 나와 예배와 각종 모임을 가집니다. 주로 어떤 일이 이루어지겠습니까? (행 17:17)

3. 기독교 예배에는 여러 종류가 있습니다.

물론 예배 자체는 모두 동일하게 하나님을 찬양하고 경배하는 예식입니다. 다만 모든 성도가 모여서 드리는 주일예배를 중심으로 몇 가지 목적에 따라 예배의 특징이 조금 달라질 수 있습니다.

1 원래 모이던 안식일(토요일) 예배는 어떻게 해서 주일(일요일)예배가 되었습니까? (행 20:7)

2 수요예배와 금요예배는 각각 어떤 특징들이 있습니까?

3 새벽기도회는 하루의 시작을 예배로 출발한다는 뜻으로, 누구를 모범으로 삼고 있습니까? (막 1:35, 눅 22:39)

4 그 밖에 생활 속에서 드려지는 예배로는 무엇이 있겠습니까?

4. 예배는 영과 진리로 드리는 것입니다.

눈으로 보이는 제사는 짐승을 제물로 드려서 하나님을 예배하지만, 예수님의 부활승천으로 오신 성령님이 각 사람에게 일하신 이후로는 성도 자신이 자신을 비우는 제물이 되어 예배드립니다.

1 각각 다른 곳에서 제사를 드리던 시대에 예수님은 사마리아 여인에게 예배를 어떻게 설명하십니까? (요 4:24)

2 교회는 부름 받은 사람들의 모임인데, 그렇다면 하나님께서는 어떤 사람들을 불러 예배를 받으시겠습니까? (요 4:23)

3 예배의 대상은 보이지 않으시는 하나님이십니다. 그렇기 때문에 가장 놓치기 쉬운 것은 무엇이겠습니까? (마 6:2)

4 보이는 제사에서 영으로 드리는 예배로 변화되면서 가장 핵심이 되어야 할 점은 무엇입니까? (롬 12:1)

5. 예배는 하나님과의 교제입니다.

예배는 기본적으로 하나님과의 만남입니다. 성도는 생활 속에서 다른 여러 가지 모습으로 하나님과 동행하지만, 신앙생활의 모든 요소들이 집약되어 있는 것이 바로 예배입니다.

1 예배는 개인적으로나 가족 단위로 얼마든지 드릴 수 있는데 꼭 교회에 모여서 다함께 예배드려야 합니까? (골 1:18)

2 하지만 같은 장소에서 다함께 예배를 드려도 각 사람마다 전부 다를 수 있습니다. 어떻게 다르겠습니까? (창 4:4-5)

3 예배드릴 때에는 어떤 마음과 자세로 준비해서 드려야 하겠습니까? (시 96:9)

4 하나님의 마음과 뜻을 따라 예배드리려면 어디에 초점을 두고 드려야 하겠습니까? (요 4:22)

6. 예배드릴 때 어떤 점이 가장 좋습니까?

당신은 지금까지 몇 번인가의 예배를 드렸을 것입니다. 아니면 과거에도 여러 차례 예배를 드렸을 수도 있을 것입니다. 교회에서 예배를 드릴 때 당신은 어떤 마음가짐으로 드렸습니까? 많은 경우에 예배에 대한 오해에 기초해서 예배를 바라봅니다. 가장 많은 경우는 설교자의 설교를 듣고 예배를 판단하거나 비판하는 것입니다. 물론 설교는 예배의 가장 중심적인 요소입니다만, 설교를 마치 연설이나 강론처럼 듣다가 자신이 생각하던 관점과 다른 경우에 예배 전체를 비판하는 것입니다. 그러나 예배는 모든 요소요소마다 하나님을 만날 수 있는 공간이 생긴다는 사실을 염두에 두고 드려야 합니다.

1 당신이 예배를 드리면서 가장 힘들어하는 부분은 어떤 것입니까? 왜 그렇습니까?

2 당신이 가장 공감하고 은혜를 많이 받은 예배는 어떤 예배였습니까? (내용, 형식에서)

하나님 아버지, 오늘은 예배에 대해서 전체적으로 살펴볼 수 있게 해주심을 감사드립니다. 예수님을 믿고 교회에 다닌다고 하면 당연히 주일 예배에 참석하는 것이지만, 그 예배에 대해 오해하고 있는 부분이 있었음을 고백합니다. 예배란 하나님과 만날 수 있는 모든 요소들이 집약되어 있는 신앙행동이라는 사실도 알게 하시니 감사드립니다. 그리고 그렇게 모든 성도들이 모여서 예배드리는 일이 얼마나 중요한지도 더 알게 되었습니다. 또한 예배는 그냥 설교라고 생각했었고 설교가 끝나면 예배가 끝난 것이라고 생각했던 것도 고쳐주시니 참으로 감사드립니다.

하나님 아버지, 저도 예배에서 많은 은혜를 받기를 원합니다. 그리고 예배를 통하여 하나님을 진정으로 만날 수 있기를 원합니다. 주일예배에 되도록 빠지지 않도록 도와주시고, 그리고 예배를 드리기 전에 제 마음을 잘 준비하고 정성껏 하나님께 예배를 드릴 수 있도록 또한 이끌어주시옵소서. 그리고 목사님의 설교를 들을 때 그 내용을 잘 이해할 수 있도록 해주시고 성경을 많이 읽고 책도 많이 읽어서 하나님과 교회에 대해서 더욱 깊이 알아갈 수 있도록 인도해 주시옵소서. 예배를 통하여 하나님과 우리를 만나게 해주시는 우리 구주 예수 그리스도의 이름으로 기도드립니다. 아멘.

제 3 과
성경이 정말 하나님의 말씀 맞나요?

　　　　　성경이 정말로 하나님의 말씀인지를 어떻게 알 수 있을까요? 우선 객관적으로는 성경 말씀이 그 동안 어떻게 이루어졌는가를 살펴보면 대략적으로라도 알 수 있을 것입니다. 그리고 정말 하나님의 말씀이라면 그 말씀을 듣고 순종하고 실천할 때 그 말씀이 가르친 그대로 삶 가운데 열매로 나타나게 될 것입니다. 엄밀하게 말하자면 성경은 성경을 경험한 사람만이 그것이 하나님의 말씀임을 확신할 수 있습니다. 그렇다고는 해도 우리는 성경이 하나님의 말씀임을 납득시키기 위해 지속적으로 노력해야 할 것입니다.

　성경은 하나님께서 인류 모두에게 주시는 장문의 편지라고 할 수 있습니다. 너무 긴 편지이지만 그 편지 속에 하나님과 인간의 관계가 고스란히 다 들어있습니다. 어떤 한 사람을 선택하셔서 민족을 일으키시고, 그 민족을 통하여 하나님의 사랑을 증명해 보이셨으며, 인간들의 구원이 더 이상 불가능해지자 아들 예수님을 이 땅에 보내셔서 인간들 대신 십자가에 못 박혀 죽게까지 허락하신 내용들이 이 장문의 편지인 것입니다. 그 편지 가운데는 어떻게 세상을 살아야 하는지에 대해서도 확실하게 들어있습니다. 한마디로 성경을 따라 살아가는 사람들이 진정 복된 사람들이고 승리자가 되는 것입니다.

1. 성경형성에는 역사가 있습니다.

성경은 전체가 66권이며 저자가 약 40명, 기간은 1,600여년이 걸렸고 3개의 언어로 기록되었습니다. 그럼에도 불구하고 일관된 주제 곧 예수님을 중심으로 성령님의 감동으로 기록되었습니다.

1 구약성경이 기록된 연대와 정경화된 과정을 설명해보십시오.

2 신양성경의 기록연대와 정경화 연대를 이야기해보십시오.

3 신약성경 정경화의 표준조건은 무엇이었습니까?

4 성경이 이렇게 많은 세월과 수많은 결정과정에도 불구하고 경전이 될 수 있는 것은 무엇 때문이겠습니까?

2. 성경의 전체 내용을 알아야 합니다.

구약 39권과 신약 27권으로 된 성경 66권은 분량이 매우 많아서 하루 종일 성경만 읽어도 3-4일은 걸립니다. 그러므로 전체 내용의 줄거리와 특징과 같은 기본적인 내용들은 알고 있어야 합니다.

1 구약성경은 어떻게 구성되어 있습니까? 종류별로 책 이름을 써 보십시오.

2 신약성경은 어떻게 구성되어 있습니까? 종류별로 책 이름을 써보십시오.

3 성경은 처음부터 메시아 예수 그리스도에 관해 설명하고 있습니다. 어떤 부분입니까? (창 3:15)

4 구약성경과 신약성경은 왜 나누어진 것입니까?

3. 성경은 메시아에 관한 예언입니다.

성경에 기록된 예언들은 이미 대부분 성취되었습니다. 이제는 예수님의 재림과 종말만 남았습니다. 메시아에 대해 구약에서 예언한 내용들은 2,000여년 전에 이미 다 이루어졌습니다.

1 이사야가 예언한 말씀은 메시아의 어떤 모습을 말하는 것입니까? (사 53:7)

2 시편에 나오는 '옷을 제비 뽑는다'는 말씀은 어떻게 성취되었습니까? (시 22:18, 요 19:24)

3 예수님께서 부활을 거듭 말씀하셨음에도 제자들은 언제가 되어서야 그 말씀을 깨달았습니까? (요 2:22)

4 그리스도 예수님으로 말미암는 구원의 복음은 누구를 통하여 어디에서 예언된 것입니까? (롬 1:2)

4. 성령님은 저자들을 감동시키셨습니다.

성경은 사람들이 쓴 글들이거나 편지들인데 어떻게 그것이 하나님의 말씀이라는 것일까요? 그것은 성경은 하나님께서 성령님의 감동하심을 따라 사람을 사용하여 기록하신 것이기 때문입니다.

1 성경은 어떻게 기록되었기에 확신할 수 있으며, 어떤 면에서 유익합니까? (벧후 1:21, 딤후 3:16)

2 하나님께서 감동하시고 사용하셨던 구약 저자들의 다양한 직업을 말해보십시오.

3 신약 시대 성경 저자들의 직업은 어떤 것들이었습니까?

4 성경을 읽고 해석할 때에도 당연히 세상학문이나 논리로만 할 수는 없고 무엇에 의존해야 하겠습니까? (벧후 1:20-21)

5. 성경은 구원에 이르게 하는 책입니다.

구원의 복음을 듣고 회개하고 거듭난 사람이라도 성경이 없이는 아무 것도 증명할 수 없습니다. 성경은 하나님의 말씀이므로 구원의 원리도 성경이 증명해야 성취될 수 있는 것입니다.

1 성경에서 영생을 얻는 줄 알고 성경을 연구하더라도 결국 그것은 누구를 증언하는 것입니까? (요 5:39)

2 온갖 고난과 순교까지 당해도 믿음을 배반하지 않을 수 있는 근거는 어디에 있는 것입니까? (계 12:11)

3 성경이 하나님의 말씀인 이유는 성경 말씀이 어떻게 되기 때문입니까? (행 13:29-30)

4 복음은 말로 외치는 것과 함께 삶으로 보여야 하지만, 마지막에는 반드시 무엇으로 증명해야 합니까? (고전 15:3-4)

6. 성경은 영원한 하나님의 책입니다.

모든 종교에는 경전이 있습니다만, 그 중에 성경은 그 말씀들이 이루어질 때까지 영원할 수밖에 없습니다. 왜냐하면 성경은 살아계신 하나님의 음성이기 때문입니다.

1 성경에 모든 내용이 온전하고 빠진 것이 없는 이유는 무엇입니까? (사 34:16)

2 성경은 언제까지 그 절대성을 지속하겠습니까? (마 5:18)

3 성경은 가장 복된 사람은 누구라고 말씀하십니까? (계 22:7)

4 만약에 성경 내용의 일부를 훼손하거나 더하거나 빼거나 거짓으로 가르친다면 어떻게 되겠습니까? (계 22:18-19)

7. 당신은 성경을 어떻게 생각하십니까?

성경이 하나님의 말씀이라는 것과 변치 않는다는 사실을 믿는다고 해도 실제로 말씀을 이해하고 그대로 행한다는 것은 또 다른 이야기가 될 것입니다. 하나님의 말씀은 말씀 그대로 순종하고 실천할 때 비로소 살아있는 말씀이 되기 때문입니다. 이렇게 말씀의 능력을 체험하기까지는 훈련이 필요합니다. 가장 먼저 설교자의 설교를 통해 해석된 말씀에 귀를 기울여야 합니다. 물론 설교의 내용에 따라 차이가 있겠으나 기본적으로 설교에 초점을 맞추어서 긍정적으로 들어야 합니다. 그리고 성경읽기가 있습니다. 통독이란 성경 전체를 순서대로 읽어나가는 것입니다. 가장 핵심적으로는 교회에서 행해지는 성경공부 시간을 귀중하게 여겨야 합니다.

1 당신은 지금까지 성경의 어느 부분을 읽어보셨습니까? 성경은 어떤 책이라는 생각이 들었습니까?

2 성경은 마치 음식처럼 충분히 섭취해야 합니다. 당신은 성경을 어떻게 취해 나갈 생각입니까?

하나님 아버지, 오늘은 하나님의 말씀인 성경에 대해서 살펴보았습니다. 아직 저는 성경에 대해서 잘 모르는 상태입니다만, 성경이 분명히 하나님의 말씀이고 성령님께서 사람들을 감동시키셔서 기록하게 하신 것을 믿습니다. 성경에 기록된 예언의 말씀은 이미 거의 다 이루어졌다고 들었습니다. 하나님께서 그렇게 일하셨음을 믿습니다. 아버지, 그러나 아직 저는 성경 말씀을 제대로 대해 본 적이 없습니다. 성경을 읽으려고 해보았지만 조금 읽다가 싫증이 나서 계속 읽기가 힘이 들었습니다. 그러므로 무엇보다도 성경을 억지로라도 많이 읽을 수 있도록 도와주시옵소서. 그리고 성경을 읽을 때 성령님께서 임하셔서 잘 이해할 수 있도록 인도해 주옵소서.

아버지 하나님. 예배드릴 때 목사님의 설교를 잘 듣고 깨달을 수 있도록 이끌어주옵소서. 때로 제 생각과 다른 말씀을 하거나 아직 그 내용을 이해하기 어려운 설교를 할 때가 있습니다. 하지만 그럴 때에라도 제가 하나님의 말씀을 다 알고 듣는 것이 아니므로 저 스스로 잘 알아들을 수 있도록 해 주시옵소서. 이제 하나님의 말씀을 중심으로 살고 싶습니다. 성경 말씀이 바로 하나님의 음성이니 저를 향하신 그 음성을 듣기를 원합니다. 그래서 세상의 비판을 받는 성도가 아니라 사람들의 칭찬을 많이 듣는 성도가 될 수 있도록 해 주시옵소서. 말씀들은 다 귀한 내용들인데 그 말씀대로 살지 못하는 사람이 되지 않도록 이끌어 주시옵소서. 말씀을 이루어주시는 예수 그리스도의 이름으로 기도 드립니다. 아멘.

제 4 과
정말 기도하면 다 들어주시나요?

강하게 기도하면 전부 응답하신다는 기도만능론과 기도해 봐야 별 것 없더라는 기도무용론이 있을 수 있습니다. 결론적으로 말하면 두 가지 모두 모순이 있습니다. 기도만능론은 반드시 하나님의 말씀과 그 뜻 안에서라는 조건이 붙어야 하고, 기도무용론은 하나님께 대한 기도의 본질을 먼저 깨달아야 하기 때문입니다. 기도는 모든 종교가 동일하지만, 적어도 그 기도의 대상이 전능하신 창조주 하나님이시라는 점에서 우리의 기도는 본질적으로 다를 수밖에 없는 것입니다. 더구나 우리의 기도의 대상인 하나님은 언제라도 우리와 인격적인 교제와 대화가 가능하신 분이라는 점에서 기독교의 기도는 근본적으로 차이가 나는 것입니다.

　기도는 우선 하나님을 사랑하는 것으로부터 출발해야 합니다. 어린아이처럼 순수하게 기도해야 응답되는데, 어린아이가 엄마에게 모든 것을 전적으로 의지한다는 점을 생각한다면 우리는 기도응답의 비결을 배울 수 있을 것입니다. 하나님은 우리를 절대적으로 사랑하십니다. 우리도 하나님을 절대적으로 사랑하고 의지함으로써 하나님과의 교제와 대화가 가능하게 되는 것이고, 그럼으로써 성도는 모든 기도에 응답을 받을 수 있는 것입니다.

1. 기도는 영적 호흡이며 대화입니다.

사람의 호흡에는 들숨과 날숨이 있는 것처럼 하나님께 드리는 기도도 기본적으로 하나님과의 교제이기 때문에 대화가 있어야 하는 것이고, 따라서 기도를 영적인 호흡이라고 하는 것입니다.

1 하나님과 대화로서의 기도의 모습을 가장 잘 보여주는 말씀은 어느 부분입니까? (창 18:23-32)

2 인간관계에서 늘 대화하는 것처럼 하나님과의 관계에서도 어떻게 기도해야 합니까? (살전 5:17-18)

3 성도가 기도할 때, 물론 하나님께서 다 듣고 계시지만, 그 기도는 하늘에 어떻게 올라가겠습니까? (계 5:8, 엡 5:2)

4 기도는 다 소중하지만 그 중에서도 가장 중요한 기도는 어떤 기도입니까? (살후 3:1)

2. 기도는 죄를 이길 수 있게 합니다.

사람은 죄로 말미암아 하나님과의 관계가 끊어졌습니다. 그래서 하나님과의 관계가 회복되면 죄로부터 멀어질 수 있습니다. 하나님은 그것을 기뻐하시기 때문에 죄와 싸울 때 잘 응답하십니다.

1 하나님은 백성들이 죄를 자백하고 구해달라는 기도를 드리면 어떻게 응답하십니까? (민 21:7-9)

2 하나님께서 죄를 사해주시고 땅을 고쳐주실 때는 언제가 되겠습니까? (대하 7:14)

3 믿음으로 기도하면 어떤 일까지 용서해주십니까? (약 5:15)

4 자기 악함을 고치기 위해 기도하면 어떤 것까지 사해주십니까? (행 8:22)

3. 기도는 치유와 회복을 가져옵니다.

기도가 죄를 이길 수 있게 하는 것과 마찬가지로 아픔이나 상처의 회복도 가져다줍니다. 왜냐하면 상처와 아픔은 근본적으로 죄로 인한 것이기 때문입니다. 믿음으로 기도하면 치유가 임합니다.

1 예수님께서 주로 행하시던 일들은 어떤 것들이었습니까? (마 9:35)

2 귀신을 쫓아내는 일과 같이 영적인 치유는 무엇으로 가능하겠습니까? (막 9:28-29)

3 죽을 병을 고치시고 귀신까지 쫓아내시지만 우리 일상에서 더욱 중요한 치유는 무엇이겠습니까? (시 147:3)

4 기도함으로써 질병을 고치고 상한 마음을 치유하고 귀신을 쫓아낼 수 있는 근거는 어디에 있습니까? (마 8:17)

4. 기도는 문제를 해결하게 합니다.

처음 믿음을 가질 때에는 어려운 문제 때문에 믿는 경우가 많습니다. 신앙생활을 하면서도 생활 속에 문제는 항상 있습니다. 그럴 때 겸손하게 하나님께 기도하여 해결할 수 있습니다.

1 문제가 생길 때 하나님께 기도하여 해결할 수 있는 방법은 무엇입니까? (빌 4:6)

2 문제가 생기기 전에, 유혹이나 시험이 오기 전어 어떻게 하면 미리 조심할 수 있겠습니까? (막 14:38)

3 하지만 말씀대로 살려고 하면 문제가 생기고 어려움이 올 수 있습니다. 그럴 때 성도는 어떻게 해야 합니까? (약 5:13)

4 교회에 문제가 생겼을 때는 더욱 어떻게 해야 하겠습니까? 예루살렘 교회는 어떻게 했습니까? (행 12:5)

5. 기도드리면 반드시 응답하십니다.

성도가 기도할 때 하나님은 언제 어디에서나 들으십니다. 그리고 그 기도의 내용과 자세나 믿음에 따라 적절하게 응답해주십니다. 때로 응답받지 못할 때도 있지만 그것도 하나님의 응답입니다.

1 예수님은 기도할 때 어떤 마음으로 드려야 한다고 하십니까? (막 11:24)

2 하지만 기도의 조건은 기도만 하고 있는 것이 아니라 어떻게 해야 한다고 하십니까? (마 7:7-8)

3 세상살이에 필요한 많은 요소들 중 문제해결을 위해 어떻게 기도해야 합니까? (약 1:5)

4 이렇게 모든 기도에 응답을 받기 위한 가장 기본적인 대전제는 무엇이겠습니까? (요 15:7)

6. 기도드릴 때 성령님이 도우십니다.

성도는 입으로 소리 내어 기도하거나 조용히 속으로 기도하지만 그 기도는 반드시 영적이라는 사실을 알아야 합니다. 영이신 하나님께 기도하는 것이기 때문에 성령님께서 도와주시는 것입니다.

1 심지어 무엇부터 어떻게 기도해야 할지 모를 때에는 어떻게 해야 합니까? (롬 8:26)

2 성도가 잘못 기도할 때도 많이 있습니다. 그러므로 항상 어떻게 기도하려고 애써야 합니까? (엡 6:18)

3 성도가 다른 사람을 위해 기도할 때 무엇을 먼저 기도해야 하겠습니까? (행 8:15)

4 영으로 기도하고 영으로 찬송하는 일은 왜 반드시 필요하겠습니까? (고전 14:15)

7. 기도는 믿음으로 드려야 합니다.

하나님께서 듣고 계시는지를 모르고 기도를 드린다면 그것은 그냥 허공에 대고 말하는 것과 같을 것입니다. 기도는 하나님께서 반드시 들으시고 응답하신다는 믿음으로 드리는 것입니다.

1 12년 동안 혈루증 앓던 여자와 딸이 귀신 들린 여인은 무엇으로 고침 받고 귀신을 쫓았습니까? (마 9:22, 15:28)

2 응답받는 기도의 전제조건은 무엇입니까? (마 21:22)

3 믿음으로 기도한다고 소리치거나 부르짖어야만 하는 것은 아닙니다. 주님은 오히려 어떤 기도를 명하십니까? (마 6:6)

4 특별히 집중적으로 기도하는 것만이 믿음은 아닙니다. 오히려 언제 믿음 위에 세워져 있어야 합니까? (유 1:20)

8. 어떻게 기도하면 좋을까요?

보통 기도라고 하면 문제를 만나거나 특별한 목적을 위해 지속적으로 하는 것으로 알고 있지만, 기도의 본질은 하나님과의 관계입니다. 가족이나 친한 친구들과 일상 속의 고민거리나 기쁜 일 등을 공유하는 것처럼 기도는 하나님과의 친밀한 관계 속에서 드려지는 대화입니다. 대화란 기본적으로 상대방이 자신의 모든 말을 귀담아 듣는 것을 전제로 합니다. 하나님과의 대화인 기도도 마찬가지로 하나님께서 항상 우리 말에 귀를 기울이신다는 전제가 있어야 비로소 기도를 들어주신다는 말이 성립되는 것입니다. 그렇게 하나님과 친밀한 대화가 가능해지면 그 때 비로소 올바른 기도가 시작되는 것입니다.

1 당신이 지금 하나님께 기도하고 싶은 제목이 있습니까? 그것은 무엇입니까?

2 앞으로 당신은 정기적으로 기도할 준비가 되어 있습니까? 기도하기로 한다면 그 기도를 어떻게 해볼 생각입니까?

마무리 기도

  하나님 아버지, 오늘도 기도드립니다. 아버지께서는 분명히 지금 우리의 기도를 듣고 계시는 줄 믿습니다. 아직 우리는 어떻게 기도해야 하나님께서 정말로 기뻐하시고 응답하실지 잘 모르고 있습니다. 그래서 하나님께서 응답해주실 만한 기도를 드리고 싶습니다. 하지만 하나님, 이 시간에도 깨달은 바가 있지만, 그냥 응답받기 위해서만 드리는 기도를 하고 싶지는 않습니다. 아직은 너무 서툴지만 하나님께 저의 마음을 드리는 교제를 먼저 할 수 있게 해 주시옵소서. 성경말씀을 보거나 예배 때에도 하나님을 구체적으로 잘 느낄 수가 없는데, 그래서 기도도 잘 할 줄 모르는데, 먼저 무엇을 달라고 기도하려니까 실감이 전혀 나지 않습니다. 그러므로 어떻게 기도하는 것이 좋을지를 먼저 깨달을 수 있도록 도와주옵소서.

  하나님, 물론 저도 지금 하나님의 도우심이 필요합니다. 그래서 그 부분을 도와달라고 기도하고 있습니다. 생각날 때마다 그냥 입 속으로 기도하거나 때로는 간절하게 기도드리고 있지만, 아직 들어주실지에 대한 확신이 없고 그냥 제 마음만 나타내고 있을 뿐입니다. 그러므로 아버지, 제가 기도를 진실하게 하나님 뜻 안에서 잘 드릴 수 있기를 원합니다. 기도를 잘 한다는 의미가 무엇인지 모르지만 하나님께서 듣기를 원하시는 기도를 깨달아 알고 싶습니다. 그리고 기도를 정기적으로 드릴 수 있기를 또한 바랍니다. 교회에 가서 잠깐 기도할 때가 많지만 생활 가운데에서도 잠깐씩이나마 기도를 드릴 수 있도록 도와주옵소서. 기도를 들어주심을 감사드리며 예수님의 이름으로 기도드립니다.

제 5 과
교회에서도 돈이 있어야 대접받나요?

교회는 대접 받는 곳이 아니라 서로가 대접하는 곳입니다. 자기가 가진 것으로 서로를 섬기는 모습이 많이 성겨야 합니다. 때로 돈 때문에 오해가 생길 수도 있습니다. 하지만 교회는 헌금을 많이 하는 사람과 적게 하는 사람의 차이가 느껴지지 않도록 서로가 겸손하게 대할 줄 알아야 합니다. 만약에 교회 안에서 정말로 헌금을 많이 하는 성도를 대우하는 일이 벌어진다면 그 교회는 바른 교회라고 할 수는 없을 것입니다. 최대한 그런 모습이 드러나지 않도록 서로가 사랑으로 하나가 되어야 할 것입니다.

헌금 때문에 차별을 느끼는 일이 발생한다면 그것은 헌금과 물질에 대한 오해에서 비롯되는 것이라고 할 수 있습니다. 헌금은 단지 자기 형편에 따라 하나님께 드리는 예물입니다. 물론 그 예물로 교회를 운영하고 이웃에게 빛과 소금이 될 수 있도록 활동하게 됩니다만, 그렇다고 헌금을 많이 하는 성도가 대접받는다면 그것은 헌금이라고 할 수는 없습니다. 헌금의 기본자세는 하나님의 은혜에 조금이라도 감사하기 위해 최상의 것을 드리는 것이기 때문입니다. 자산 등 물질도 마찬가지입니다. 전부 하나님의 것이라는 사실을 알아야 합니다. 그렇게 겸손하게 물질생활을 하는 것을 하나님께서 기뻐하십니다.

1. 돈 때문에 차별해서는 안 됩니다.

세상에서는 돈이 모든 일의 수단이 되는데, 교회가 움직이는 데에도 역시 돈은 필요합니다. 그러나 하나님은 돈만을 사용하시는 것은 아닙니다. 하나님은 돈이 아니라 사람을 사용하십니다.

1 교회는 돈이 아니라 하나님께서 통치하시는 기관입니다. 돈으로 사람을 차별하는 것은 무엇을 뜻합니까? (약 2:2-4)

2 돈뿐만 아니라 어떤 조건으로도 차별할 수 없습니다. 성경은 어떤 차별을 금하고 있고 그 이유는 무엇입니까? (골 3:11)

3 그 어떤 이유 때문에라도 사람을 차별하는 것은 하나님께서 어떻게 판단하시겠습니까? (약 2:9)

4 그렇다면 하나님은 무조건 가난한 자들의 편일까요? 하나님은 무엇을 보시는 분이십니까? (마 19:24, 계 3:17)

2. 헌금은 하나님께 드리는 예물입니다.

교회에서 돈 때문에 차별 당한다는 느낌은 헌금 때문일 것입니다. 부자는 헌금을 많이 하게 되겠지만, 그렇다고 형제를 차별한다면 그는 헌금의 의미를 전혀 모르고 있는 사람일 것입니다.

1 헌금의 개념에 대한 논란들이 있지만 헌금의 본질은 무엇이겠습니까? (민 28:2)

2 하나님은 성막을 지을 모든 물건들(건축헌금)을 가져오라고 하시면서 그것을 무엇이라고 칭하셨습니까? (출 25:2)

3 하나님은 성소를 짓는 데 사용될 온갖 종류의 물품들을 무엇으로 가져오라고 말씀하셨습니까? (출 25:3-7)

4 하지만 예물은 꼭 물품이어야 하는 것은 아닙니다. 돈이나 물품들 외에도 하나님은 무엇을 예물로 받으십니까? (마 6:3-4)

3. 헌금은 최선을 다해야 합니다.

헌금이 하나님께 드리는 예물이라면 최선을 다해 최상의 것을 드려야 할 것입니다. 사람은 헌금의 액수를 보겠지만 하나님은 액수가 아니라 최선을 다하는 마음을 보십니다.

1 부자가 많은 액수의 헌금을 한 것보다 가난한 과부가 두 렙돈 헌금한 것이 더 큰 이유는 무엇입니까? (막 12:43-44)

2 연보나 헌금을 풍성하게 할 수 있는 근원적인 이유는 무엇이겠습니까? (고후 8:2)

3 모든 재산을 한 번에 다 헌금해서는 안 되겠지만, 적어도 어떤 자세로 헌금을 드려야 하겠습니까? (고후 8:3)

4 모든 헌금은 어떤 마음가짐으로 드릴 수 있어야 하겠습니까? (롬 15:26-27)

4. 헌금보다 용서와 헌신이 먼저입니다.

헌금은 예물로 드리는 것이기 때문에 그 마음가짐이 더욱 중요합니다. 헌금보다 더 큰 예물은 무엇이겠습니까? 또 헌금과 함께 동반되어야 하는 삶의 태도로서의 예물은 무엇이겠습니까?

1 예수님은 예물을 드리기 전에 먼저 있어야 할 조건을 무엇이라고 하셨습니까? (마 5:23)

2 헌금할 것이 없어도 그보다 더 큰 예물로 드리는 것은 어떤 제사입니까? (롬 12:1)

3 예물의 전제조건, 아니 예물의 실체적인 본질은 무엇입니까? (막 12:33)

4 그러므로 마음이 동반되는 예물로서의 헌금과 동일한 예물들에는 어떤 것들이 있겠습니까?

5. 사랑의 헌금이 이상적입니다.

헌금이란 하나님께 드리는 예물이지만, 동시에 그리스도인의 물질관을 대표한다고도 할 수 있습니다. 헌금은 주님의 교회 안에서 그리스도의 사랑이 흘러넘치게 하는 데 사용되는 것입니다.

1 일시적이었지만 가장 이상적인 교회로서 본을 보였던 초기 예루살렘교회는 어떤 모습이었습니까? (행 4:34-35)

2 귀한 헌금은 재산을 가난한 사람들에게 나누어주는 것입니다. 부자 청년과 삭개오는 어땠습니까? (마 19:21-22, 눅 19:8)

3 그러나 헌금이든 물질이든 거기에서 빠져서는 안 될 것은 무엇입니까? (고전 13:3)

4 결국 헌금, 헌물, 섬김, 나눔 등 모든 종류의 예물은 무엇의 증거라야 하겠습니까? (마 22:37-39)

6. 물질생활, 어떻게 해야 할까요?

하나님은 육신의 생명뿐 아니라 영생을 주신 진정한 생명의 주인이십니다. 또한 하나님은 생명과 함께 세상에서 누리는 모든 것을 허락하신 분이기도 합니다. 그것이 물질이고 돈입니다. 하나님께서 생명을 주관하시듯이 그리스도인의 물질도 주관하심을 알아야 합니다. 그것을 바로 믿는 성도들은 물질생활에서도 하나님의 주권을 인정하게 되고, 그렇게 되면 자신은 단지 하나님께서 맡겨주신 물질의 청지기에 불과하다는 사실도 인정하게 됩니다. 그 가운데에는 헌금도 포함되어 있습니다. 물질은 하나님의 일을 이루는 여러 가지 재능 가운데 하나입니다. 그러므로 자신에게 허락된 물질을 하나님의 뜻에 따라 사용해야 하는 것입니다.

1 당신은 현재 교회에서 헌금생활을 어떻게 해오고 있는지 이야기해 보십시오.

2 당신은 하나님께서 허락하신 물질에 대해서 얼마나 감사하면서 살고 있습니까?

마무리 기도

하나님 아버지, 우리의 삶을 영위할 수 있도록 모든 물질을 허락하심을 감사드립니다. 각자의 분량을 따라 일용할 양식을 주시고 삶에 필요한 모든 것을 날마다 채워주시니 더욱 감사드립니다. 하지만 아버지, 우리가 물질 때문에 힘들 때가 많이 있습니다. 꼭 필요한데 모자라거나 미래가 불안할 정도로 돈이 부족할 때도 많이 있습니다. 그래서 우리가 그것 때문에 하나님께 간절하게 기도할 때도 자주 있습니다. 그리고 때로는 돈이 없다는 것 때문에 무시당하거나 차별받는 느낌이 들 때도 있습니다. 그래서 실망하거나 낙심하게 될 때도 있는 것을 고백합니다.

아버지, 그러나 우리가 물질 때문에 시험당하지 않도록 하나님께서 책임져주시는 것을 또한 믿습니다. 언제나 하나님을 믿고 흔들리지 않도록 도와주시옵소서. 그리고 우리가 처한 환경 가운데에서 하나님의 뜻을 따라 헌금생활을 하고 물질생활을 운영할 수 있도록 또한 도와주옵소서. 하나님을 사랑하고 이웃을 사랑하라는 하나님의 두 계명 안에서 물질을 사용할 수 있기를 간절히 원합니다. 물질이 풍부할 때에든지 모자랄 때에든지 언제나 하나님께서 기뻐하시는 일에 사용할 수 있도록 지혜를 주시고, 하나님께 드리는 예물인 헌금을 할 때에도 헌금의 기본 정신과 태도를 잃지 않고 하나님과 사람들에게 유익이 될 수 있도록 해 주옵소서. 물질에 끌려가는 성도가 아니라 물질을 지배하고 주관하는 신앙인이 되도록 해 주옵소서. 우리에게 모든 것을 허락하신 그리스도 예수님의 이름으로 기도드립니다.

제 6 과
왜 제사를 못 지내게 하죠?

　　　　우리나라에서 기독교 신앙과 가장 자주 부딪치는 것이 조상 제사일 것입니다. 조선시대부터 민족성을 유지하게 하던 제사를 드리지 못하게 하기 때문에 당연히 일어날 수 있는 현상입니다. 조상에게 제사하는 일은 단지 조상을 섬기는 일일 뿐인데 왜 제사를 지내지 못하게 할까 생각할 수 있지만, 기독교에서는 조상제사를 우상숭배 또는 악령들에게 절하는 것으로 보기 때문에 금하지 않을 수가 없는 것입니다. 물론 부모에게 효도를 다하거나 조상을 기억하는 일을 금하는 것은 결코 아닙니다. 오히려 기독교는 부모가 살아있을 때에 더욱 효도하는 일을 크게 권장하고 있습니다.

　조상제사를 금하는 일과 맞물려, 말씀을 믿는 일은 악한 영들과의 보이지 않는 싸움이라는 사실을 함께 깨달아야 할 것입니다. 왜냐하면 이 세상은 하나님의 뜻을 거역하고 타락한 마귀의 세력이 장악하고 있기 때문입니다. 그래서 하나님을 믿는 일은 세상이 따라가는 방향이나 방식과는 전혀 다른 일이 되는 것입니다. 세상은 적자생존과 약육강식의 생존법칙이 지배하는 반면에 기독교는 본질적으로 사랑과 인내와 희생을 통해 그리스도의 복음을 살아내는 것이기 때문입니다. 그리고 세상의 삶의 방식을 버릴 때 하나님은 우리들과 함께 하시며 복을 부어주시는 것입니다.

1. 제사의 기원을 알아야 합니다.

대부분의 한국 가정에서 드려지는 제사는 그 유래와 기원이 어디에서 비롯되는 것인지 정확하게 모르는 채 고유의 관습으로 굳어져 수백 년 동안 내려오고 있습니다.

1 조상제사는 어디에서 시작되었고 어떤 과정이 있었습니까?

2 죽은 사람에게 드려지는 제사는 어디에서 비롯된 관습입니까?

3 우리나라의 조상제사는 언제 어떻게 시작되었고, 주요 관습으로 정착되었습니까?

4 하지만 지금도 수많은 가정들에서 행해지는 조상제사는 어떤 모습으로 바뀌었습니까?

2. 제사의 목적을 알아야 합니다.

조선 시대에는 최상의 효도가 조상제사라고 믿었습니다. 조상은 이미 죽고 없는데 죽은 자들에 대한 제사가 최고의 효도이고 나라에 대한 충성이라고 한다면 상당히 큰 모순이 되어버릴 것입니다.

1 돌아가신 부모를 위해 제사를 드리는 것이 효드입니까, 아니면 부모님이 살아계실 때 섬기는 것이 효도입니까?

2 죽은 조상에게 제사를 철저하게 지내는 것은 사실상 어떤 목적으로 행해지는 것입니까?

3 조선시대에 유교에서 비롯되었다는 조상제사를 강조했던 이유는 무엇이었습니까?

4 또한 대가족제도였던 당시 가문에는 어떤 영향을 미쳤습니까?

3. 죽은 조상의 귀신은 없습니다.

제사는 원래 인간이 복을 받기 위하여 신에게 드려지는 것인데, 그 대상이 죽은 조상으로 바뀐 것입니다. 그것은 죽은 조상이 귀신이 되어 자손들을 보호할 것이라는 그릇된 인식 때문입니다.

1 죽은 사람의 영혼이 이 세상과 저 세상을 왕래할 수 있습니까? 성경은 어떻게 말씀하고 있습니까? (눅 16:26)

2 우리가 말하는 귀신과 성경에서 말하는 귀신은 어떻게 다릅니까? (계 12:9)

3 사람이 하나님을 두려워해야 하는 이유는 무엇이겠습니까? (마 10:28)

4 사람이 죽어서 귀신이 될 수 없는 이유는 무엇입니까? (계 20:13-15)

4. 귀신이란 악한 영들을 말합니다.

오늘날 조상제사를 열심히 드리는 사람들도 실제로 조상 귀신이 와서 제사를 받는다고 생각하는 사람은 거의 없을 것입니다. 그렇다면 조상 제사를 왜 그렇게 고집하겠습니까?

1 과거에 조상 제사를 왜 꼭 밤 열두 시 이후에 드렸습니까?

2 기독교에서 조상제사를 드리지 못하게 하는 이유는 무엇입니까? 또 여기에서 귀신은 누구를 말합니까? (고전 10:20)

3 귀신제사이든 악령제사이든 하나님께서 그것을 싫어하시는 이유는 무엇입니까? (출 20:4-5)

4 교회에서 성도들이 조상제사음식을 먹지 못하게 하는 이유는 무엇입니까? (고전 10:21)

5. 귀신은 예수님을 이기지 못합니다.

무속인들도 때로는 신비한 현상을 나타내 보일 때가 있습니다. 다른 종교에서도 기적은 일어나고 있습니다. 하지만 비슷해 보일 뿐, 악한 영의 세력들이 예수님을 이기지는 못합니다.

1 성경에서 귀신(악령)들은 예수님을 보고 어떤 반응을 보였습니까? (막 9:20)

2 우리나라 무당들도 예수님을 알고 있었습니다. 어떻게 귀신들이 예수님을 알 수 있었겠습니까? (마 8:29)

3 신앙인들이 박해를 당해도 사람을 미워하지 않습니다. 사람이 아니라 무엇과 싸우기 때문이겠습니까? (엡 6:12)

4 귀신이든 악령이든 사람보다 훨씬 강합니다. 그럼에도 성도가 악령들을 이길 수 있는 이유는 무엇입니까? (요 16:33)

6. 제사보다 참된 효도를 해야 합니다.

기독교를 반대하는 사람들은 기독교를 불효하는 종교라고 비판하지만, 하나님은 부모가 살아있을 때에 효도를 다하라고 가르치고 있으며, 그럴 때 하나님께서 복을 주신다고 약속하셨습니다.

1 하나님께서 명하신 십계명 중에서 사람에 대한 첫 계명은 무엇입니까? (출 20:12-17, 엡 6:2-3)

2 성경은 우리나라의 도덕과 동일한 말씀도 주십니다. 어떤 것입니까? (레 19:32)

3 하나님은 부모공경을 장려하고 복을 보장하실 뿐만 아니라 불효한 자를 어떻게 징계하십니까? (마 15:4)

4 예수님조차도 하늘 아버지를 공경하는 본을 보이셨습니다. 우리에게 무엇을 말씀하시는 것입니까? (요 8:49)

7. 조상제사가 자손에게 복을 줄까요?

부모님이 살아계실 때에는 잘 찾아뵙지 못하다가 돌아가시고 나서 제사를 열심히 지내는 사람들이 있습니다. 과거에는 흔한 모습들이었습니다. 사람들의 의식 속에 조상귀신을 잘 모시면 자손에게 복을 준다는 생각이 자연스럽게 형성되었을 때였습니다. 또 조상의 묘소를 좋은 곳에 잘 쓰면 후손들이 다 잘 된다는 생각들도 많이 가지고 있었습니다. 사실일까요? 대부분 헛된 미신에 불과합니다. 상식적으로 만약에 죽은 조상에게 그런 능력이 있다면 살아있을 때 열심히 효도한 자손들에게 복을 주겠습니까, 아니면 돌아가신 다음에 묘지를 잘 만들고 제사를 열심히 드리는 자손에게 복을 주겠습니까? 물론 죽은 사람은 아무런 능력도 일으킬 수 없습니다.

1 당신은 집안에서 행해지는 조상제사에 참석한 적이 있었습니까? 어떤 느낌들이었습니까?

2 조상제사가 조선시대 때부터 한국사회에 끼친 영향력을 생각나는 대로 이야기해 보십시오.

마무리 기도

하나님 아버지, 오늘도 귀한 사실을 깨달았습니다. 관습적으로 어느 집안에서나 지내던 조상제사에 대해서 깊이 살펴볼 수 있었습니다. 조상님께 효도하는 것인 줄 알았는데 사실은 마음과는 달리 귀신을 섬기는 일이라는 사실도 알게 되었습니다. 이제는 왜 조상제사를 지내면 안 되는가를 깊이 깨달았습니다. 그리고 조상제사가 아니라 살아계신 부모님들께 참된 효도를 하는 것이 하나님의 계명이라는 사실도 처음으로 알게 되었습니다. 감사드립니다. 그리고 부모님께 효도하면 하나님께서 복을 주신다는 사실도 알게 되었습니다. 이제까지 마음으로 효도하지 못한 것을 알게 되었사오니 하나님 용서해 주시옵소서.

아버지, 이제부터라도 더욱 부모님께 잘 해 드릴 수 있도록 도와주시옵소서. 기독교가 정말 효도하는 종교라는 사실을 알았사오니 하나님의 계명을 지킨다는 의미에서도 효도를 실천할 수 있도록 해 주옵소서. 그리고 악한 영의 세력들이 지배하는 이 세상에서 하나님의 가르침대로 살 수 있도록 힘과 능력을 더하여 주옵소서. 아직 믿은 지 얼마 되지 않아 모르는 것이 너무 많지만, 배우고 익히는 데 더욱 힘써서 하나님을 기쁘시게 해 드릴 수 있도록 또한 도와주시옵소서. 우리의 죄를 대신 감당해주시고 승리하게 하시는 예수 그리스도의 이름으로 기도드립니다. 아멘.

제 7 과
하나님의 천지창조, 어떻게 알 수 있죠?

　　　　하나님의 천지창조는 진리이면서도 기독교 등 일부 종교 이외에는 모두가 부정하고 있습니다. 그것은 천지창조의 직접적인 증거를 얻을 수 없기 때문입니다. 하지만 천지창조의 증거는 우리가 살고 있는 세상에서 차고 넘치게 발견할 수 있다는 사실을 알아야 합니다. 물론 성경은 이것을 너무나도 확실하게 반복하여 우리들에게 가르치고 있습니다. 그것은 믿음의 사람들에게만 부어주시는 하나님의 은혜들입니다만, 자연세계에서도 얼마든지 증거들을 발견할 수 있습니다. 억지로 찾지 않아도 우주만물 속에 흐르는 과학적 질서들이 하나님의 천지창조를 입증하고 있는 것입니다.

　하지만 세상은 아주 교묘하게 진화론이라는 무신론을 온통 퍼뜨려 놓았습니다. 하나님 없이 우연히 발생하여 수많은 세월들과 끝없는 우연이 겹쳐진 끝에 단세포 생명체에서 사람으로 진화되었다고 가르침으로써 인간 스스로 아무 가치 없는 무생물로 만들고 만 것입니다. 그렇게 해서 하나님을 의심하거나 부정하게 만들어 하나님 없이 사람의 욕심과 거짓에 인생을 망치게 만드는 것이 바로 진화론인 것입니다. 그것은 사람으로 하여금 하나님을 대적하게 만드는 마귀의 작품이 확실합니다.

1. 성경이 천지창조를 기록하고 있습니다.

창세기에는 하나님께서 세상과 사람을 창조하신 이야기가 나옵니다. 이것을 창조설화 또는 신화라고 말하기도 하지만, 성경의 모든 말씀이 성취된 것을 생각하면 사실이라고 할 수밖에 없습니다.

1 하나님은 천지와 만물들을 어떤 순서를 따라 창조하셨습니까? (창 1:1-31)

2 사람을 만드실 때에는 다른 생명체들과 달리 어떤 특징과 목적을 부여하셨습니까? (창 1:27)

3 그렇게 하나님의 지으심을 받은 인간은 스스로 어떤 분별력을 가지게 되었습니까? (롬 1:19-20)

4 하나님께서 사람을 창조하신 더욱 분명한 증거는 무엇입니까? (전 3:11)

2. 여호와 하나님께서 만드셨습니다.

보통 자연세계라고 하면 저절로 생겨난 것, 원래부터 존재하는 것 등으로 생각하지만, 자연의 질서, 과학의 세계를 생각하면 그 질서를 부여한 절대자가 분명히 존재한다는 것을 알 수 있습니다.

1 하나님께서 천지를 창조하시기 이전에는 어떤 상태였습니까? (창 1:2)

2 세상의 이치, 생명체의 질서를 볼 때 자연은 스스로 저절로 존재하지 못합니다. 하나님은 어떤 분이십니까? (출 3:14)

3 여호와 하나님은 이 세상을 창조하실 때 어떤 기준으로 지으셨습니까? (사 45:18)

4 태초부터 스스로 계신 그 하나님께서 인간에게 무엇으로 오셨습니까? (요 1:1-3)

3. 자연 속에 증거들이 많이 있습니다.

자연 속의 모든 생명체의 신비 속에는 상상할 수 없을 정도로 정교한 질서가 숨어 있습니다. 생식의 신비, 치유의 신비, 계속해서 발견되는 생명체들의 신비한 원리가 들어있습니다.

1 생명과 물리, 화학 속에는 스스로 유지할 수 있는 원리가 포함되어 있습니다. 과연 누가 만들었겠습니까? (히 3:4)

2 하나님은 태양과 달과 별들과 또한 계절 따라 피는 꽃을 통하여 무엇을 받기를 원하십니까? (느 9:6)

3 생명체 등 자연 상태 그대로를 연구하면 창조주를 믿지 않을 수 없다고 합니다. 무엇을 발견할 수 있습니까? (사 40:26)

4 그러므로 하늘과 땅과 바다와 지구와 식물과 동물과 사람을 통하여 무엇을 드러내고 계십니까? (시 19:1)

4. 과학은 창조세계를 연구합니다.

과학이란 하나님에 의해 창조된 자연의 세계와 그 질서를 탐구하는 작업입니다. 따라서 성경과 과학은 배치되는 것이 아닙니다. 오히려 과학이 발달하면서 성경이 사실로 증명되고 있습니다.

1 성경에는 자연의 질서를 깨는 듯한 사건들이 등장합니다. 그것을 어떻게 설명할 수 있겠습니까?

2 우주가 공간에 떠 있으면서도 별들이 부딪치지 않는 것을 성경은 어떻게 말하고 있습니까? (욥 26:7)

3 이전에는 토끼는 되새김질하지 않는다고 알려졌으나 성경은 무엇이라고 기록해놓았습니까? (레 11:6)

4 바다 속에 샘이 있음은 상상할 수 없는 일이었지만 성경은 무엇이라고 기록했습니까? (욥 38:16)

5. 창조론과 진화론을 분별해야 합니다.

일반인들이 받아들이기에 창조론은 비과학적인 미신처럼 느껴질 수 있고 진화론은 과학으로 증명된 것으로 생각할 수 있습니다. 그러나 냉정하게 말해서 진화론이 오히려 맹신일 가능성이 높습니다.

1 진화론의 가장 기본적인 핵심은 무엇입니까?

2 진화론은 무엇으로부터 출발했으며, 어떤 사상과 결합하여 인류에 엄청난 손실을 초래했습니까?

3 진화론의 가장 큰 모순과 결함은 어떤 점입니까?

4 기독교인 입장에서 진화론의 가장 큰 결함은 무엇입니까?

6. 생활 속에서 지혜로워야 합니다.

모든 학교 교육에서는 진화론을 당연한 과학으로 가르치고 있습니다. 그리스도인의 자녀들이 교회에서 가르치는 창조론과 반대되는 가르침 때문에 혼란스러워하고 있고, 그 부모들도 어떻게 말해야 할지 분별하기 어려운 실정입니다. 하지만 더 중요한 것은 어느 것이 맞는가를 따지기 전에 진화론은 하나님의 존재를 부정하고 있다는 점입니다. 진화론은 아직 입증되지 않은 과학적 견해에 불과하다는 점을 알려주어야 합니다. 진화론 자체도 엄청난 변화를 거치고 있습니다. 그러므로 온 세상을 창조하신 하나님의 관점에서 지혜롭게 대처할 수 있어야 하겠습니다.

1 당신은 자녀들이 학교 등에서 진화론과 부딪칠 때에 어떻게 대처하라고 가르쳐왔습니까?

2 지금부터는 누군가로부터 진화론과 창조론에 대한 질문을 받으면 어떻게 대답하겠습니까?

마무리 기도

하나님 아버지, 오늘은 진화론에 대해서 생각해보았습니다. 거의 모든 학교에서 진화론을 진리인 것처럼 가르치지만, 그것은 단지 무신론일 뿐이며 고귀한 인간을 영혼 없는 짐승으로 떨어뜨릴 뿐인 것을 알았습니다. 사람이 창조주이신 하나님을 떠나면 그는 이미 죽은 영혼인데, 진화론은 이것을 오히려 정당화시키는 이론이라는 것도 알았습니다. 하나님은 분명히 온 우주와 생명체들과 사람을 창조하셨는데, 그리고 타락한 인간들을 위해 예수님을 보내시고 부활승천하게 하심으로써 죽었던 영혼들을 되살려놓으셨는데, 이 진화론이 그러한 믿음을 흔들고 있는 것도 알았습니다. 또한 영혼을 인정하지 못하는 진화론으로 인하여 인류에 정말 큰 해악을 끼쳤음을 생각하면 우리를 창조하신 하나님께 대한 믿음을 더욱 바르게 가져야 되겠습니다.

아버지, 하나님은 단지 우리를 지으셨을 뿐만 아니라 사람과 교제하심으로써 정말 하나님의 피조물다운 사람으로 살 수 있게 하신 것을 믿습니다. 하나님의 창조섭리를 더욱 확실하게 알고 믿어 하나님의 뜻 안에서 살아가는 삶이 되도록 해 주시옵소서. 특히 아이들이나 젊은이들이 세상에서 가르치는 진화론에 대해서 정확하게 대처할 수 있도록 해주시고, 적어도 진화론과 창조론을 함께 가르치는 교육이 될 수 있도록 해 주시옵소서. 우리는 하나님의 놀라운 계획을 따라 가장 존귀하게 지어진 존재들임을 믿고 고귀한 삶을 살 수 있도록 함께해 주옵소서. 우리를 위해 피 흘려 돌아가신 예수 그리스도의 이름으로 기도드립니다. 아멘.

제 8 과
예수님의 부활을 어떻게 믿습니까?

　　기독교 신앙에서 하나님의 천지창조만큼이나 믿기 어려운 것이 예수님의 부활입니다. 기독교인들이 참 그리스도인인가 아닌가의 기준을 예수님의 부활을 믿는가 못 믿는가에 달려있다고 할 수 있을 정도입니다. 그만큼 예수님의 부활은 확신을 가지기가 어렵습니다. 또한 그것은 사람의 지식이나 가르침만으로는 예수님의 부활을 믿을 수 없다는 점을 말하는 것이기도 합니다. 하지만 하나님의 입장에서도 이 부활은 필연적으로 이루실 수밖에 없는 일이라는 점도 알아야 합니다. 왜냐하면 인간의 구원에 예수님의 부활은 필수적인 사건이기 때문입니다.

　우리의 믿음이 성령님의 개입하심으로써 성취될 수 있는 것과 마찬가지로 부활신앙도 성령님의 도우심이 있어야 가능한 것입니다. 하지만 이치적으로 납득할 수 있는 여러 가지 증거들과 증인들과 논리들이 충분히 존재한다는 사실도 꼭 알아야 합니다. 인간세상의 모든 위인들의 무덤은 전부 존재하지만 예수님의 무덤만은 빈 무덤이라는 사실도 예수님의 부활을 입증할 요소 중의 하나일 것입니다. 아무튼 예수님의 십자가 죽으심이 분명한 역사적 사실인 것과 마찬가지로 예수님의 부활도 역사적인 사실임을 믿으시기 바랍니다.

1. 예수님은 부활하셨습니다.

진화론처럼 우연이 아니라 하나님의 창조계획을 따라 사람을 만드신 것처럼 예수님의 부활도 하나님의 영원한 계획을 따라 이루어졌습니다. 인간의 구원에 예수님의 부활은 필연적입니다.

1 사람이 태어나면 반드시 죽게 되어 있는데 예수님은 죽으셨다가 살아나셨습니다. 무엇을 위해서입니까? (고전 15:17)

2 예수님께서 부활하셨다는 말은 무엇에 대해서 이기셨다는 말입니까? (히 2:14下)

3 예수님의 부활을 보고도 제자들은 믿지 못했습니다. 이 부활에 대해서 예수님은 무엇이라고 하셨습니까? (눅 24:6-7)

4 부활하신 예수님을 가장 처음으로 만났던 사람은 누구였습니까? (막 16:9)

2. 예수님의 부활에는 증인들이 많습니다.

기독교가 존재하는 까닭은 부활하신 예수님을 만났던 많은 사람들이 존재했기 때문입니다. 예수님의 부활이 없이 가르침이나 사상이나 운동들이 오늘날까지 진리로 남아있을 수는 없을 것입니다.

1️⃣ 가장 먼저 막달라 마리아에게 보이셨던 예수님은 그 후 누구에게 나타나셨습니까? (요 20:19)

2️⃣ 실망하고 고향으로 돌아가던 제자들에게 예수님은 어떻게 나타나셨습니까? (눅 24:25-31)

3️⃣ 제자들뿐 아니라 무덤을 지키던 군인들도 예수님의 부활을 목격했지만 대제사장들은 어떻게 일을 꾸몄습니까? (마 28:11-15)

4️⃣ 예수님은 부활하신 후 40일 동안 세상에 계시면서 어떤 일을 주로 하셨습니까? (행 1:3)

3. 부활은 성경 약속의 성취입니다.

예수님의 부활은 성경 여러 곳에 예언되어 있습니다. 그리고 예수님 자신도 여러 차례 죽으심과 부활을 말씀하신 적이 있습니다. 예수님의 부활은 죄인인 인간들에게 반드시 필요한 일입니다.

1 호세아 선지자는 예수님의 부활에 대해 얼마나 정확하게 예언했습니까? (호 6:2)

2 예수님도 부활에 대해 마지막에 제자들에게 어떤 말씀을 하셨습니까? (막 8:31)

3 특히 예수님은 자신의 육신을 무엇에 비유하여 설명하셨습니까? (요 2:19, 21)

4 예수님이 하나님의 아들이라는 가장 큰 표적으로 부활을 말씀하시면서 무엇에 비유하셨습니까? (마 16:4)

4. 성도들도 반드시 부활됩니다.

예수님이 부활하셨다는 것은 예수님을 믿는 성도들도 부활한다는 이야기입니다. 만약에 예수님은 부활하셨는데 성도는 부활하지 못한다면 거듭남도 구원도 천국도 불가능해지기 때문입니다.

1 예수님의 부활과 함께 성도의 부활을 믿을 수 있는 근거는 무엇입니까? (고전 6:14)

2 아담의 죄와 관련하여 어떻게 성도의 부활을 증명할 수 있습니까? (고전 15:21)

3 거꾸로 설명하면 예수님의 부활은 어떻게 일반화할 수 있습니까? (고전 15:16-17)

4 그렇다면 하나님을 믿지 못하여 지옥에 가는 사람들은 어떻게 되겠습니까? (요 5:29)

5. 부활체는 속성이 변화되는 것입니다.

성도가 부활한다면 지금 현재 살아있는 형태 그대로 부활하여 천국에서 영생을 누리게 되는 것은 아닙니다. 부활이 어떤 상태가 될지에 대해서는 예수님의 부활을 보면 알 수 있습니다.

1 부활체는 영생을 얻을 새로운 몸입니다. 부활체의 큰 특징은 무엇이겠습니까? (눅 20:36)

2 부활하신 예수님의 모습 중 제자들이 가장 크게 놀란 것은 어떤 일이었습니까? (요 20:19-20)

3 부활체는 영에 그치는 것이 아닙니다. 부활하신 예수님은 어떤 형태였습니까? (눅 24:39, 요 20:27)

4 신령한 부활체이면서 살아있는 사람과 똑같은 점은 무엇이었습니까? (눅 24:41-43)

6. 기독교는 부활의 종교입니다.

기독교는 부활로부터 시작된 진리의 종교입니다. 예수님의 부활과 성도의 부활을 믿지 못한다면 그것을 기독교라고 할 수는 없을 것입니다. 기독교는 부활을 믿고 전하는 종교입니다.

1 예수님은 스스로를 생명이라고 하셨습니다. 부활에 대해서 어떻게 가르치셨습니까? (요 11:25-26)

2 예수님의 부활을 제자들에게 나타내보이신 까닭은 무엇이겠습니까? (행 1:22, 10:41)

3 성도의 부활은 저절로 주어지는 것은 아닙니다. 어떻게 해야 부활에 이르게 됩니까? (빌 3:10-11)

4 오늘날에도 예수님의 육체의 부활을 훼손하는 시도가 많이 있습니다. 과거에는 어땠습니까? (딤후 2:18)

제8과. 예수님의 부활을 어떻게 믿습니까?

7. 부활의 신앙을 살아야 합니다.

예수님의 부활과 성도의 부활은 분명한 사실이지만 그것을 믿기 위해서는 성령님의 도우심이 필요합니다. 현대에 와서는 예수님의 부활을 교묘하게 부정하도록 만드는 일들이 벌어지고 있는데, 예수님의 부활을 단지 사상이나 교훈이나 상징으로만 여기려는 시도들입니다. 그러나 그렇게 되면 그것은 이미 기독교가 아닌 것이 되어 버린다는 사실을 알아야 합니다. 왜냐하면 예수님의 부활이 없이는 죄 사함도 거듭남도 천국도 영생도 있을 수 없기 때문입니다. 실제로 피 흘려 죽으셨던 예수님께서 부활하셔야만 마귀의 권세인 죽음을 정복하시는 것이고, 그 때문에 성도는 영생을 누릴 수 있게 되는 것입니다.

1 당신은 예수님의 육체의 부활과 성도의 부활을 믿고 있습니까? 아직 못 믿는다면 그 이유는 무엇입니까?

2 당신은 주변 사람들에게 예수님의 육체의 부활과 성도의 부활을 자신 있게 말할 수 있습니까? 그것이 참된 신앙입니다.

마무리 기도

　　사랑으로 충만하신 하나님 아버지, 우리들에게 예수님의 부활을 선물로 주심을 감사드립니다. 그냥 자연의 이치를 생각한다면 죽은 사람의 부활은 전혀 불가능하지만, 하나님께서 권능으로 죽으셨던 예수님을 다시 살리시고 그 사실을 믿는 우리들도 마지막 때에 다시 살리실 것을 알게 되었습니다. 하나님, 예수님의 부활을 믿지 못한다면 기독교신앙은 성립될 수 없음을 알고 있습니다. 이미 예수님을 영접하기 전에 배운 사실입니다. 하지만 아직 그것을 완전하게 믿고 있는지에 대해서는 확신이 없습니다. 아버지께서 성령님으로 도와주셔서 부활의 확신을 가지고 신앙생활을 할 수 있도록 해 주옵소서.

　아버지, 그리고 예수님의 부활과 우리의 부활에 대해서 확신을 가지는 만큼 주변 사람들에게도 이 사실을 이야기하고 전할 수 있기를 원합니다. 예수님의 부활을 굳게 믿을 수 있을 때에 우리의 신앙도 확신을 가지고 이겨나갈 수 있을 줄 믿습니다. 그러므로 부활하신 예수님과 인격적으로 기도하고 교제함으로써 더욱 몸으로 느끼고 깨달아질 수 있게 해 주옵소서. 우리 성도들의 부활을 굳게 믿고 죽어도 다시 살리시는 하나님만을 절대적으로 의지할 수 있도록 도와주시옵소서. 부활신앙이야말로 세상을 이길 수 있게 하심을 믿습니다. 십자가에서 죽으셨다가 부활하신 예수 그리스도의 이름으로 간절히 기도드립니다. 아멘.

제 9 과
예수님의 재림으로 세상에 종말이 오나요?

　　　　　예수님의 재림과 종말은 진정한 기독교인이라면 반드시 확신하고 있어야 합니다. 이 종말론을 교묘하게 이용하여 참된 믿음을 빼앗아가는 이단들의 무리가 활개치고 있기 때문입니다. 기독교 신앙에 있어서 종말사상은 신앙인들에게 엄청난 영향을 미칩니다. 종말의식 없이 신앙생활 하는 사람과 종말 사상을 가지고 조만간에 하나님 앞에 서야 한다는 의식을 가진 사람은 근본적으로 신앙적인 차이를 보일 수밖에 없습니다.

　물론 아직 닥치지 않은 일에 대해서 어떤 명확한 증거를 제시할 수는 없습니다. 하지만 우리 신앙인들은 하나님의 천지창조와 예수님의 십자가 희생과 부활을 믿는 사람들입니다. 당연히 예수님의 재림과 종말을 믿어야 하고 믿을 수 있습니다. 그리고 이 종말 역시 성경의 위대한 예언 중의 하나입니다. 여태까지 성경 속의 대부분의 예언들이 모두 성취되었고, 이제 예수님의 재림과 종말이 성취될 날을 기다리고 있습니다. 성경은 예수님의 재림과 종말을 어떻게 말씀하고 있겠습니까?

　(본장은 복음소책자 3권 『교회는 왜? 성경은 왜?』 제12장의 내용으로 구성되어 있습니다.)

1. 하나님은 질서를 소중히 여기십니다.

천지를 창조하신 하나님은 온 세상 만물들에 원리, 원칙, 질서를 부여하심으로써 우주가 운행되고 생물체가 보존되며 인간세상이 유지될 수 있도록 허락하셨습니다.

1 태초에 혼돈한 세상에 하나님께서 가장 먼저 하신 일은 무엇입니까? (창 1:2-5)

2 결국 6일 동안 천지와 생물들을 창조하시면서 지속적으로 부여하신 일은 무엇이었습니까? (창 1:31)

3 하지만 아담의 불순종 이후에 온 세상은 또다시 무질서의 세상이 되었습니다. 하나님은 어떻게 하셨습니까? (창 6:12-13)

4 홍수 후에 하나님은 사람을 멸하시지 않고 자연 질서를 허락하셨습니다. 언제까지 허락하신 것입니까? (창 8:21-22)

2. 모든 일은 반드시 소멸될 때가 있습니다.

세상의 모든 일이 그렇지만 영원한 것은 하나님의 나라밖에는 없습니다. 아무리 아름다운 것도 반드시 소멸하게 되어 있습니다. 하나님께서 만드신 이 지구도 마찬가지입니다.

1 성경에서도 이것을 이야기하고 있습니다. 범사에 무엇이 있다고 했습니까? (전 3:1-2)

2 원래 하나님은 지구와 사람을 소멸하지 않는 존재로 만드셨지만 무엇 때문에 기한이 생기게 되었습니까? (창 3:23-24)

3 세상에 종말이 올 것이라는 사실은 누구나 알고 있을 것입니다. 지구의 종말을 예측할 수 있는 현상은 무엇입니까?

4 지구 자체는 존재할지 몰라도 인간생존이 불가능해지는 시기가 다가오고 있습니다. 어떤 현상이겠습니까?

3. 예수님은 시작과 끝의 주인이십니다.

단순히 과학적 현상으로서의 지구의 종말을 성경은 말씀을 통하여 분명하게 제시하고 있습니다. 과학으로 추정하는 것이 아니라 하나님의 계획 속에서 이루어져가고 있는 것입니다.

1 하나님의 천지창조를 믿는다면 예수님은 무엇을 하고 계셨을까요? (요 17:5, 창 1:26)

2 예수님은 천지창조를 시작하셨고 마지막 때에 오신다는 것을 어떻게 지속적으로 말씀하십니까? (계 22:13)

3 예수님께서 종말의 때에 다시 오신다는 것을 믿는 이들에게는 무엇을 위해 오시겠습니까? (요 6:44)

4 예수님께서 고난당하시고 부활승천하신 후에 마지막에 다시 오시는 것을 무엇이라고 말합니까? (빌 1:6)

4. 예수님은 심판주로 다시 오십니다.

예수님은 구원자이신 것만은 아닙니다. 사람을 용서하시기 위해 대신하여 십자가에서 죽으셨다가 부활하신 사랑의 주인공이시지만, 마지막 예수님의 때에는 심판을 위하여 오시는 것입니다.

1 예수님께서 재림하심으로써 종말이 오는데 그 때에는 하나님이 아니라 누가 심판주가 되십니까? (요 5:22, 27)

2 마지막 때가 오기 직전까지 사람들은 아무 것도 모르겠지만, 예수님의 때에 사람들의 형편은 어떻겠습니까? (히 10:27)

3 예수님께서 심판주로 오시면 죽은 자들이 다시 죽는 둘째 사망이 오는데 어떤 형태로 오게 됩니까? (계 20:13-15)

4 세상에서는 고통이 있어도 반드시 지나가지만 지옥에서의 고통은 어떻게 됩니까? (막 9:48)

5. 신실한 성도들에게는 영생과 상이 주어집니다.

종말의 때에 예수님은 믿지 않는 사람들에게는 심판주로 오시지만 믿는 이들에게는 상을 주시는 분으로 오십니다. 주를 위하여 모든 것을 버릴 수 있는 성도들에게는 상을 주십니다.

1 그 때 죽은 성도들이나 살아있는 성도들에게는 무엇을 따라 상을 주시겠습니까? (마 16:27)

2 천국에서의 중요한 상은 영생의 모습들인데 그 영생은 어떤 삶으로 이루어지겠습니까? (계 20:4)

3 그렇게 신실한 성도들이 상을 받고 영원히 살아야 할 곳은 어떤 모습입니까? (계 21:1-2)

4 재림의 주께서 오심으로써 종말이 되면 믿음의 사람들은 어떤 복을 누리면서 영원토록 살게 됩니까? (계 21:4)

6. 종말을 어떤 마음으로 살아야 할까요?

기독교인은 예수님의 재림과 종말을 믿는 사람들입니다. 다른 말로 하면 기독교인은 종말(죽음)을 준비하는 사람들인 것입니다. 교회에 다닌다면서도 마치 영원토록 이 땅에서 살 것처럼 성공과 번영을 추구하는 사람들이 있습니다. 아무리 크게 성공하고 아무리 많이 쌓아두어도 결국 그런 것들은 조만간에 다 버리고 가야 할 것들입니다. 종말(죽음)을 염두에 두고 사는 사람들은 이 땅에 집착할 필요가 없을 것입니다. 그래서 종말신앙은 오직 예수님만을 따를 수 있는 진정한 신앙인의 삶을 살 수 있게 만들어주는 것입니다.

1 당신이 만약에 당장 죽는다면 지금 무엇을 하겠습니까? 내일 모든 것이 없어져도 아쉽지 않은 삶을 살고 있습니까?

2 만약에 정말로 내일 종말이 온다면 당신은 하느님 앞에 서서 이 세상에서 무엇을 하다가 왔다고 하시겠습니까?

아버지 하나님, 오늘은 예수님의 재림과 이 세상의 종말에 대해서 생각해보았습니다. 죽음 이후의 삶에 대해서 느낄 수도 없고 맛볼 수도 없지만, 성경에 기록된 하나님의 말씀을 비추어보면 분명히 예수님께서 다시 오실 것이고 세상에는 종말이 도래할 것입니다. 마치 우리 신앙인들의 삶이 그 종말을 준비하는 사람들인 것처럼 느껴지기도 합니다. 하나님, 정말이지 언제 죽어도 후회 없는 삶을 살고 싶습니다. 인생을 잘 살았다는 그런 착각과도 같은 것이 아니라 하나님 안에서 예수님을 따라 세상으로 흐르지 않고 끝까지 신실한 삶을 살 수 있기를 원합니다. 그리고 마지막 종말의 때에 하나님의 칭찬을 받고 영생을 누릴 수 있는 그런 사람이 되고 싶습니다.

아버지, 그렇게 되려면 종말에 대한 확신과 천국에 대한 확신을 가져야 할 것 같습니다. 아직까지는 완벽하게 믿어지지는 않습니다. 그러나 성령님께서 저에게 믿음을 허락하신 것처럼 종말이나 천국에 대해서도 굳게 믿을 수 있도록 도와주시옵소서. 언제 예수님의 재림과 종말이 올 것인가는 누구도 알 수 없지만, 내일 그런 날이 오더라도 크게 후회 없는 삶을 살 수 있도록 도와주옵소서. 그리고 무가치하게 세월을 낭비하고 있는 믿지 않는 사람들에게도 이 사실을 알게 하면 좋겠습니다. 저의 믿음이 점점 자라게 해 주셔서 하나님의 귀한 일꾼으로 변화되어갈 수 있도록 함께해 주시옵소서. 다시 오실 우리 주 예수 그리스도의 이름으로 기도드립니다. 아멘.

제 10 과
정말 지옥이 있을까요?

　　　　만약에 지옥이 정말 있다면 지옥은 과연 어떤 끔찍한 일이 벌어지는 곳일까요? 영화나 책에서 묘사되듯이 극한의 고문과도 같은 엄청난 고통이 계속 펼쳐지는 곳일까요? 사실은 지옥이 어떤 곳인지 아무도 모릅니다. 하지만 인간의 현실 속에서도 지옥은 펼쳐지고 있습니다. 사고나 질병으로 엄청난 고통을 당할 때가 있습니다. 인류의 역사 속에서도 전쟁이나 폭동 등으로 인한 학살과 고문이 지속적으로 나타났었습니다. 다만 실제 지옥과의 차이점은 현실 속에서는 그 고통이 결국 멈추게 되어 있지만 지옥에서는 멈추지 않는 고통이 영원토록 지속된다는 점일 것입니다.

　　만약에 천국이나 지옥이 없다면 하나님은 결코 공평하신 분이 아닙니다. 숱한 죄를 저지르고도 큰 소리 치고 잘 살다가 죽은 사람과 착한데도 괴로움당하다가 죽은 사람에게 죽음 이후에 아무런 보상도 벌도 주어지지 않는다면 영혼을 가진 인간에게 너무도 불공평한 하나님이 되실 것입니다. 이 세상에서 자기 욕심을 위하여 거짓과 모함으로 점철된 삶을 살고도 아무런 벌을 받지 않을 수는 없습니다. 반드시 자기가 했던 말과 행동에는 죽음 이후에라도 응분의 벌이 주어져야 할 것입니다. 하나님은 공평하십니다.

1. 마귀(사탄)는 타락한 천사장입니다.

지옥에 대해서 알아보려면 먼저 마귀(사탄)에 대해서 알아야 합니다. 왜냐하면 지옥이라는 곳은 하나님께서 타락한 마귀의 무리들을 가두어놓기 위해 만들어진 공간이기 때문입니다.

1 창세기에서 하와를 유혹하여 하나님께 불순종하게 만든 뱀의 정체는 무엇입니까? (계 12:9)

2 마귀는 원래 어떤 존재였는데 온 천하를 속이는 자가 되었습니까? (계 12:7-8)

3 그렇게 된 마귀와 그 사자들을 성경은 무엇이라고 말하고 있습니까? (유 1:6)

4 성경은 이렇게 자기 자리를 떠나버린 천사들을 무엇이라고 말하고 있습니까? (벧후 2:4)

2. 지옥은 악한 영들에게 예비된 곳입니다.

사람을 창조하신 하나님께서 사람이 타락했다고 해서 사람들을 위한 지옥을 만들지는 않으십니다. 그러나 하나님의 일꾼들이었다가 타락한 천사들에게는 긍휼 없는 영벌이 가해집니다.

1 지옥은 원래 하나님께서 누구를 위하여 예비해두신 곳입니까? (마 25:41)

2 자기 지위를 지키지 않고 자기 처소를 떠난 천사들은 어떻게 됩니까? (유 1:6)

3 하나님은 사랑의 하나님이시지만 결코 용서하지 않으시는 부류는 어떤 존재들입니까? (벧후 2:4)

4 그래서 귀신들도 지옥에 가는 것을 스스로 잘 알고 있습니다. 예수님께 무엇을 간구했습니까? (눅 8:30-31)

3. 마귀의 추종자들도 지옥에 갑니다.

지옥은 타락한 마귀와 귀신들을 가두는 곳이지만, 마귀의 유혹을 따라 아담의 불순종으로 말미암아 마귀의 종들이 된 사람들은 구원받지 못하면 마귀를 따라 지옥으로 들어가게 됩니다.

1 예수님을 믿어 죄 사함 받지 못한 사람(비신자들)은 왜 지옥으로 가야 합니까? (요일 3:8)

2 하나님을 믿지 않는 사람들이 지옥으로 가는 것은 그들이 누구이기 때문에 그렇다고 설명합니까? (요일 3:10)

3 하와를 유혹한 뱀에게서도 볼 수 있지만 마귀의 가장 큰 특징은 무엇입니까? (요 8:44)

4 마귀가 아무리 거짓말로 사람들을 속일지라도 성도는 오히려 누구를 두려워해야 합니까? 왜 그렇습니까? (마 10:28)

4. 지옥은 영원한 불의 고통입니다.

지옥은 한 마디로 흑암과 같은 어둠과 불의 고통만이 가득한 곳입니다. 지옥은 빛과 희락이 넘치는 천국과는 정반대인 곳입니다. 고통이든 희락이든 오직 영원하다는 점만 같을 뿐입니다.

1 지옥의 고통은 불의 고통입니다. 하나님은 그들에게 어떻게 벌을 내리십니까? (겔 22:20)

2 지옥의 불의 고통에 대해서 예수님은 어떻게 벌을 받는다고 말씀하셨습니까? (막 9:49)

3 지옥이 얼마나 큰 고통이면 예수님은 결코 지옥에는 가지 말 것을 어떻게 말씀하셨습니까? (막 9:43)

4 지옥의 불의 고통이 얼마나 심하였든지 부자는 어떤 소원을 빌었습니까? (눅 16:24)

5. 지옥에 가지 않으려면 어떻게 하죠?

성경은 예수님을 믿지 않으면 지옥에 가게 된다고 선포하고 있습니다. 그렇다면 지옥에 가지 않기 위해서는 회개하고 죄 사함 받고 거듭나야 합니다. 모든 것을 팔아서라도 믿음을 지켜야 합니다.

1 지옥의 무서움을 안다면 지옥에 가지 않기 위해 어떤 일을 해야 하겠습니까? (마 13:44)

2 거듭난다는 말은 회개하고 죄 사함 받는다는 말입니다. 구체적으로 무엇을 뜻합니까? (엡 2:1, 롬 8:2)

3 예수님이 그리스도(구세주)이심을 믿는 것이 거듭난 것입니다. 그 사람은 하나님께서 어떻게 하신 것입니까? (요일 5:1)

4 그러나 단지 믿는 것만으로는 부족합니다. 어떻게 해야 마지막에 천국으로 갈 수 있습니까? (마 10:22)

6. 지옥을 어떻게 믿을 수 있을까요?

지옥은 성경에 기록된 것처럼 엄청난 고통이 영원토록 지속되는 곳인 것만큼은 분명합니다. 하지만 성도는 지옥에 가지 않기 위해서 신앙생활 하는 것은 아닙니다. 하나님의 사랑을 믿고 그 은혜 가운데 거하면서 이 땅에서 천국의 심령을 가지고 살면 지옥에 갈 염려는 할 필요가 없습니다. 만약에 거듭난 하나님의 자녀가 분명하다면 하나님께서 그 사랑하시는 자녀들을 지옥에 보내시겠습니까? 하지만 지옥이 분명히 존재한다는 사실만은 믿어야 합니다. 지옥의 존재를 분명히 믿는다면 내가 참 사랑하는 가족, 친구, 동료들이 지옥에 가는 것을 보고만 있겠습니까? 그러므로 지옥의 존재에 관한 확신을 가질 필요가 있습니다.

1 현실의 삶 속에서 마치 지옥과도 같은 상태나 마음이 되어본 경험을 이야기해 보십시오. 그런데 지옥이 없겠습니까?

2 인류의 역사 속에 있었던 지옥과도 같은 경우를 생각나는 대로 이야기해 보십시오. 그런데 실제로 지옥이 없겠습니까?

마무리 기도

　　사랑으로 충만하신 하나님 아버지, 지옥으로 떨어지도록 작정되어 있던 우리들을 예수님의 피로써 죄 사함 받고 거듭나게 하시고 구원해 주신 것을 너무나도 감사드립니다. 우리들 중 그 어느 누구도 자기의 노력으로는 결코 구원받을 수 없음을 아는데, 그러므로 당연히 지옥의 영원한 고통 속으로 들어갈 수밖에 없는데, 우리에게 성령님으로 믿음을 주신 것을 생각할 때 결코 갚을 수 없는 은혜를 입은 것을 고백합니다. 예수님은 차라리 손이나 발이나 두 눈을 뽑히는 한이 있더라도 지옥에는 가지 말라고 하셨음을 생각하면 그 은혜가 더욱더욱 크게 느껴집니다. 참으로 감사드립니다.

　　아버지, 하지만 아직 지옥이 실감나지는 않습니다. 만약에 성경이 가르치는 그대로 지옥이 존재한다면 현재 함께 어울리면서 살아가는 사람들이 그런 지옥에 빠지는 것을 생각하고 몸서리쳐야 할 텐데 아직 그런 느낌이 없습니다. 하나님, 그런 확신을 가질 수 있도록 도와주시옵소서. 만약에 정말 지옥이 존재하고 이웃이나 친지들이 그곳에 떨어진다고 생각하면 제가 지금 이러고 있어서는 안 될 것 아니겠습니까? 그렇게 지옥이 실제적으로 믿어지게 하시고 사랑하는 사람들을 생각하고 다급해지게 하옵소서. 비록 우리가 말로나 설명으로 믿게 할 수 있는 것은 아니지만 그들을 위해서 기도하고 하나님의 도우심을 구하고자 합니다. 그들이 지옥에 빠지지 않도록 우리를 사용하여 주옵소서. 지옥에서 구원해주신 예수 그리스도의 이름으로 간절히 기도드립니다. 아멘.

제 11 과
마귀(사탄)의 존재를 증명할 수 있나요?

　　　　간혹 기독교인들 중에 마귀를 만났던 사람들의 이야기가 있습니다만, 평상시에 마귀가 눈에 보이거나 그 음성이 들리는 것은 아닙니다. 왜냐하면 마귀가 본래의 모습으로 나타난다면 하나님의 자녀들인 우리들은 마귀를 무서워할 이유가 없기 때문입니다. 마귀는 대체적으로 자신을 드러내지 않습니다. 물론 기독교인이라고 할지라도 여간해서는 마귀를 경험하기는 어렵습니다. 그러나 우리들의 생활 속에서 귀신(악한 영)들이 일으키는 갖가지 현상들을 보면 마귀의 존재는 분명합니다. 마귀 역시 영적인 존재이기 때문에 육을 가진 인간과 직접 부딪치는 일은 거의 없습니다.

　　마귀는 하나님을 대적하다가 쫓겨난 존재이기 때문에 특별히 하나님의 자녀들을 무너뜨리려고 온힘을 쏟습니다. 그래서 마귀는 때로 자기를 광명의 천사로 가장하기까지(고후 11:14) 성도들을 미혹한다는 것을 알아야 합니다. 기독교인은 마귀와 귀신들의 존재뿐 아니라 마귀와 귀신들의 전략이나 활동방식까지도 잘 알아두어야 합니다. 자칫하면 시험으로 말미암아 퇴보할 수도 있습니다.

　　(본장은 복음소책자 3권 『교회는 왜? 성경은 왜?』 제10장의 내용으로 구성되어 있습니다.)

1. 세상에서도 귀신들린 사람들이 많습니다.

오늘날 일상의 삶에서 귀신들린 사람을 만나기는 어렵습니다만, 시설이 충분하지 못할 때에는 심심치 않게 그런 모습들을 발견할 수 있었습니다. 즉, 귀신 들림은 추상이 아니라 현실입니다.

1 정신질환과 귀신들림은 어떤 차이가 있겠습니까? (막 5:3-4)

2 귀신들린 사람들이 귀신에게서 해방되는 길 중에서 확실한 방법은 무엇이겠습니까?

3 특히 예수님 당시의 이스라엘 백성들은 귀신들린 사람이 나타나면 어떻게 했습니까? (마 8:16)

4 예수님께서 부활승천하신 후에도 제자들은 어떻게 귀신들림의 문제를 해결해주었습니까? (행 8:6-8)

2. 무속인들에게서 귀신을 발견합니다.

대중매체들을 통해서도 많이 알려졌지만, 무속인들(무당이나 박수) 중 많은 사람들은 귀신의 직접적인 지배 아래 놓여있습니다. 무속인들은 귀신의 존재를 가장 확실하게 보여주고 있습니다.

1 무속인들 가운데 작두를 탄다는 일명 작두무당의 현상은 어떻게 설명할 수 있겠습니까?

2 귀신들은 예수님만 알아보는 것이 아니라 하나님의 종인 사도 바울도 알아보고 무엇이라고 외칩니까? (행 16:16-18)

3 바울은 따라다니면서 소리치는 사람에게서 귀신을 쫓아내어 줌으로써 어떤 봉변을 당하게 됩니까? (행 16:18-19)

4 귀신이 죽은 사람의 영혼이 아닌 것은 성경에서 어떻게 증명할 수 있겠습니까? (막 3:11-12)

3. 마귀는 귀신들의 왕입니다.

귀신(악령)의 존재를 통하여 또한 마귀(사탄)의 존재를 살펴볼 수 있습니다. 하나님과 천사의 존재가 확실한 것만큼이나 마귀와 귀신의 존재도 확실합니다. 마귀의 세계에도 질서가 있습니다.

1 예수님이 하나님의 아들이시므로 일반 귀신들이 예수님을 시험한 것이 아니라 누가 시험했습니까? (마 4:10-11)

2 예수님은 양과 염소의 비유에서 어떻게 마귀의 세계를 말씀하셨습니까? (마 25:41)

3 계시록은 어떻게 마귀가 되었는지에 대해 간략하게 설명했습니다. 어떻게 된 일입니까? (계 12:9)

4 죄인으로 있다는 것은 무엇을 뜻하는 것이고, 예수님이 오신 이유는 무엇입니까? (요일 3:8)

4. 마귀는 하나님의 일을 훼방합니다.

마귀가 주로 하는 일은 시험과 유혹을 통하여 믿는 사람들로 하여금 하나님을 배반하게 하거나 믿지 않는 사람들이 예수님을 믿지 못하도록 훼방하는 일입니다.

1 마귀는 천지창조 이전부터 활동하고 있었습니다. 마귀는 하와에게 어떤 시험을 시도했습니까? (창 3:1-3)

2 마귀가 아담과 하와를 유혹하여 선악열매를 먹게 만든 목적은 무엇이었습니까? (창 3:10)

3 하나님은 뱀(마귀)에게 저주를 내리셨지만(창 3:15) 마귀는 성도들을 어떻게 만들려고 합니까? (벧전 5:8)

4 오늘날 마귀가 하는 일들 중에서 가장 효과적으로 하나님의 일을 훼방하는 방법은 무엇입니까? (눅 8:12)

5. 마귀는 거짓과 함정을 총동원합니다.

마귀의 가장 두드러지는 특징은 거짓입니다. 자기 욕심을 이루기 위하여 끊임없이 속이고 유혹하고 함정과 올무를 파고 넘어뜨리려고 온갖 수단을 총동원합니다. 거짓의 사람은 마귀의 종입니다.

1 예수님은 대적하는 사람들을 비판하시면서 마귀의 특징을 무엇이라고 말씀하셨습니까? (요 8:44)

2 바울은 감독의 책임을 맡을 사람을 언급하면서 마귀의 특징을 무엇이라고 말하고 있습니까? (딤전 3:6-7)

3 예수님께서 질병과 귀신들린 것과 모든 약한 것을 고치신 일은 결국 어떤 일을 하신 것입니까? (행 10:38)

4 마귀는 이렇게 거짓과 유혹과 고소와 정죄를 일삼지만 기독교인들은 어떻게 해야 합니까? (약 4:7)

6. 마귀는 성도들을 어떻게 공격하겠습니까?

우리는 하나님의 자녀들이기 때문에 마귀는 결코 정면으로 공격해오는 법이 없습니다. 성령님이 내주해 계시므로 정식으로 도전하면 패할 것을 알기 때문입니다. 그래서 마귀는 되도록 하나님 몰래 성도를 무너뜨릴 기회를 찾게 되는 것입니다. 마귀가 하와를 꾈 때 그렇게 몰래 접근하지 않았습니까? 마귀는 성도의 감정을 파고들 때가 많습니다. 화를 낼 때, 염려하고 걱정할 때, 두려워할 때, 욕심을 부릴 때, 슬플 때 등 일상적인 감정을 파고드는 일이 많습니다. 그리고 말씀을 대할 때에도 의심하거나 자기경험을 우선하거나 세상의 논리로 대하게 만듦으로써 하나님의 말씀에 불순종하게 만드는 것입니다.

1 당신은 어떤 특별한 감정이 생길 때 하나님의 일을 중단하거나 믿음생활에 방해를 받은 적은 없습니까?

2 당신은 설교를 들을 때나 성경을 읽을 때 의심이나 불신이 생긴 경우가 있었습니까?

마무리 기도

　　　우리를 마귀의 손에서 해방시키시기 위해 아들을 보내신 하나님 아버지, 마귀와 귀신들은 실제 생활에서는 거의 경험하기 힘든 존재들이지만 여러 가지 증거들을 볼 때 분명히 활동하고 있음을 오늘 생각해보았습니다. 우리는 하나님의 자녀들이기 때문에 하나님의 말씀 가운데 거하기만 하면 우리를 건드리지 못함을 알았습니다. 그러나 우리는 날마다 수많은 상황 가운데 처해지고 따라서 마귀가 우리를 속이거나 틈을 탈 기회는 얼마든지 있는 것을 압니다. 그것을 모를 때에는 영문도 모르고 끌려가겠지만 이제는 마귀의 방식을 어느 정도 알았으므로 어떻게 해서든지 마귀의 유혹을 물리칠 수 있도록 해 주시옵소서.

　그럼에도 불구하고 세상의 지식이나 과학이나 또는 거짓 이단과 같이 성도를 속일 수 있는 수많은 요소들이 넘치는 줄 압니다. 그러므로 하나님, 언제나 그런 것들을 경계하면서 예수님께서 주시는 진리 가운데 항상 거할 수 있도록 도와주옵소서. 그리고 모든 경우에 잘 분별할 수 있도록 해주시고 교회를 중심으로 신앙생활을 잘 할 수 있도록 해 주시옵소서. 혹시 힘든 일을 만나거나 장애를 만날지라도 그것 때문에 마귀에게 넘어지지 않도록 또한 만들어주시옵소서. 그래서 그런 문제들이나 위기를 넘어서 오히려 하나님과 더 가까워지고 믿음의 사람으로 우뚝 세워질 수 있도록 성령님으로 항상 함께 해 주시옵소서. 마귀의 권세인 죽음을 깨뜨리시고 부활하신 우리 구주 예수님의 이름으로 기도드립니다. 아멘.

제 12 과
이단들도 많은데, 어떻게 구별하죠?

      이단(異端)이란 끝이 다르다는 뜻입니다. 겉으로는 똑같아 보일 뿐 아니라 정통교회보다 더 올바르게 보이기 때문에 거기에 현혹되어 빠져 들어가게 되지만, 결정적이고 핵심적인 마지막 단계에서 진리가 아닌 것에 속하게 되어버리게 되기 때문에 이단이 무서운 것입니다. 이단의 특징들은 여러 가지가 있지만, 예를 들어 특별한 표적이 있는 곳으로 찾아간다거나 뛰어난 가르침이나 집회를 따라가지만 결국 이단에 빠지게 되는 경우도 있고, 또는 교묘하게 위장된 교리교육을 통하여 이단에 빠져들었다가 결국 헤어나지 못하는 경우도 있을 것입니다.

    이단들의 가장 큰 특징은 예수님께 대한 믿음의 내용이 틀리다는 것입니다. 교주를 하나님 어머니라고 부른다거나 지도자가 스스로를 재림예수라고 하거나 보혜사 성령님이라고 부른다면 그것은 100% 이단입니다. 또한 종말이 다가왔는데 144,000명 등 일정한 숫자에 들어야 구원받는다거나 지상에 천국이 준비되어 있다거나 어느 날짜에 지구의 종말이 온다고 주장한다면 그것도 100% 이단입니다. 성경 내용의 특정 구절만을 자기들의 주장에 맞게 가르치거나 비유로 한다면서 관련도 없는 구절끼리 연결하여 짜 맞춘다면 그것도 분명한 이단입니다.

1. 이단은 왜 생겼습니까?

이단은 정통 기독교와 같아 보이지만 가장 중요한 핵심을 살짝 바꾸어 버립니다. 이단은 정상적인 성도들을 넘어뜨리기 위해 생겨난 것이므로 직접적으로 교회에 해악을 끼치고 있습니다.

1 이단은 초대교회 때부터 있었습니다. 이단이 발생하는 이유는 무엇입니까? (롬 16:18)

2 그렇다면 이단들이 존재하는 근거는 어디에서부터 출발하겠습니까? (벧후 3:16)

3 이단들의 공통점은 그리스도(메시아로서의 기능)를 부인하는 것입니다. 그들의 배후에 무엇이 있습니까? (계 12:9)

4 이단은 성도들을 미혹하기 위하여 심지어 어떤 것까지 드러내겠습니까? (계 19:20)

2. 이단은 복음을 변질시킵니다.

이단의 가장 강력한 수단은 복음을 변질시켜 성도를 미혹하는 것입니다. 그래서 이단은 반드시 성경을 가르치는 방식으로 세력을 확산시킵니다. 잘못된 교리로 미혹하여 멸망에 빠지게 합니다.

1 복음은 유일합니다. 그러나 이단들은 성도들을 어떻게 교란시킵니까? (갈 1:7)

2 어떤 이단이든지 변질된 복음을 전함으로써 세력을 키워왔습니다. 그들은 어떻게 되겠습니까? (갈 1:9)

3 그런데 성도들은 경각심이 부족하여 자기도 모르게 받아들일 때가 많습니다. 어떤 내용들입니까? (고후 11:4)

4 모든 이단들의 공통적인 특징은 무엇입니까? (눅 21:8)

3. 이단에는 교묘한 함정이 있습니다.

성도들이 왜 이단에 빠지겠습니까? 그만큼 깊은 함정이 기다리고 있기 때문입니다. 가짜가 더 진짜처럼 보이는 법입니다. 함정이 잘 보인다면 누가 함정에 빠지겠습니까?

1 이단들은 어디에서부터 출발하겠습니까? (행 15:24)

2 복음을 훼손하기 위해서 이단과 사이비들이 사용하는 이론적 근거는 어디에서부터 시작되겠습니까? (골 2:8)

3 초대교회에서부터 이단들이 훼손하려고 시도하던 진리의 핵심은 무엇이겠습니까? (요이 1:7)

4 이단들이 아무리 많아도 성경은 무엇이라고 예언하고 있습니까? (막 13:6)

4. 이단에는 일정한 특징이 있습니다.

이미 살펴보았지만, 이단들은 전부 마귀의 조종을 받기 때문에 겉으로 드러나는 모습은 달라도 공통적인 특징들이 있습니다. 왜냐하면 공통적인 목적은 성도를 무너뜨리는 것이기 때문입니다.

1 기독교 신앙은 예수님을 누구로 받아들이는가에 달려있습니다. 이단들은 예수님을 어떻게 인식합니까? (요일 4:3)

2 이단들의 또 하나의 특징은 예수님의 재림과 종말입니다. 하지만 예수님은 무엇이라고 말씀하십니까? (마 24:36)

3 이단들의 또다른 공통점은 성경에 나오는 특정한 부분에 집중한다는 점입니다. 주로 무엇이 있겠습니까?

4 이단들에게서 가장 일반적으로 드러나는 외적인 특징 중의 하나는 무엇이겠습니까?

5. 우리나라의 대표적인 이단들입니다.

이단들 중에도 외국에서 들어온 이단들과 한국에서 일어난 이단들이 있습니다. 물론 이단이란 사도 시대부터 다양한 형태로 존재했습니다만, 원리적으로는 모두 유사합니다.

1 여호와의 증인과 몰몬교에 대해서 간략하게 설명해보십시오.

2 안식교(제칠일안식일예수재림교회)에 대해 설명해보십시오.

3 통일교, JMS(기독교복음선교회)에 대해 설명해보십시오.

4 신천지(예수교증거장막성전)와 하나님의교회는 무엇입니까?

6. 이단은 어떻게 대처해야 할까요?

이단은 교묘한 방법으로 성도들을 유혹하는데, 문화적인 수단을 통해서도 접근합니다. 함정은 한번 빠지면 헤어나지 못하기 때문에 성도들은 이단과 관련된 그 어떤 활동도 피해야 합니다.

1 이단을 설득하기 위해 성경논쟁을 하는 것은 결국 어떤 결과를 낳게 됩니까? 왜 그렇습니까? (딛 3:9)

2 그렇다면 이단에 빠진 사람들은 그대로 내버려 두어야 하겠습니까? (딛 3:10-11)

3 이단에 빠진 사람에게 교리를 논리적으로 잘 설득해도 돌아오지 않는 까닭은 무엇이겠습니까? (요일 4:6)

4 마지막 때에 이단(거짓 선지자)들이 많이 일어나면 어떤 현상이 따라오게 됩니까? (마 24:11-13)

7. 당신은 이단들을 어떻게 알고 있습니까?

어떤 사람들은 이단이나 기독교사이비 집단들에 대해서 단순히 타종교와 비슷하게 생각합니다. 그래서 기독교 교단이나 단체들에서 이단들에 대해 상당히 민감하고 적극적으로 대응하는 것을 이상하게 생각합니다. 그러나 타종교와 이단은 굉장히 다릅니다. 타종교는 기독교를 공격하거나 훼방하지는 않습니다. 하지만 이단은 속임수와 같은 수단들을 통하여 교회를 직접적으로 공격하고 훼방함으로써 교회를 무너뜨리려는 존재들입니다. 마치 암이나 세균의 공격처럼 교묘하게 파고들어 교회를 넘어지게 하기 때문에 이단에 대해서는 극도로 경계하고 적극적으로 대처하는 것입니다.

1 당신이 이단에 대해서 경험하거나 보고 들었던 이야기들을 나누어 보십시오.

2 만약에 교회 외부에서 성경을 연구하자거나 수상한 문화센터 같은 곳에서 초청한다면 어떻게 해야 하겠습니까?

마무리 기도

하나님 아버지, 오늘날 많은 이단들은 이 사회에 많은 해악을 끼치고 있습니다. 특히 정통 기독교를 공격하고 교회를 무너뜨릴 뿐만 아니라 도덕적으로 가정을 파괴하거나 재산을 취득하거나 함으로써 사람들을 망가뜨리고 있습니다. 그뿐 아니라 또 다른 이단이라고 할 수 있는 반기독교 정책들도 교회를 교묘하게 공격하고 있습니다. 이단이든 반기독교 정책이든 그 배후에는 반드시 마귀가 존재하는 줄 믿습니다. 아버지, 우리 성도들은 마땅히 대처할만한 수단도 없고 또 약하기만 합니다. 이럴 때 우리들에게 지혜를 주시고 담대하게 이단들의 공격에 대항할 수 있도록 도와주시옵소서.

아버지, 특히 이단들의 공격에 교회가 적절하게 대응하지 못하는 모습들을 나타내고 있습니다. 그래서 많은 성도들이나 청년들을 이단에 빼앗기고 있습니다. 너무나도 교묘하고 악의적이기 때문에 목회자라고 해도 그것을 효과적으로 막을 도리가 없습니다. 그럴 때 우리로 하여금 더욱 조심하고 경계하여 이단들의 거짓된 유혹에 걸려들지 않도록 지혜를 더하여 주옵소서. 그리하여 말세인 오늘날에 더욱 신앙을 굳건하게 하고 오직 성경말씀에 순종하는 삶을 세상에 보여줌으로써 이단들의 궤계를 물리칠 수 있도록 해 주옵소서. 그것을 위하여 세상 속에서 참 그리스도인의 삶을 모습을 보여줌으로써 세상 사람들도 이단들에 대해서 분명하게 구별할 수 있도록 해 주시옵소서. 우리를 구원하시기 위해 십자가에서 돌아가신 우리 구주 예수 그리스도의 이름으로 기도드립니다. 아멘.